Julie Andrieu

het boek voor de Chocoholic

Julie Andrieu

het boek voor de Chocoholic

Styling: Sandra Mahut
Foto's: Charlotte Lascève en Karym Bagoée

TERRA

Basics

en bijzaken

In tegenstelling tot de mode, waarin het om de basics draait, zijn basics in de chocoladekeuken altijd bijzaken.

Maar hoe basic en standaard ook, ze zijn en blijven optioneel. Repen, glazuur, versiering en fudge zijn in de wereld van de chocolade de onbetwiste finishing touch, onmisbaar om optimaal te kunnen genieten.

Het aardige is dat je ze van tevoren kunt klaarmaken, in grote hoeveelheden bovendien. Met het grote voordeel dat je voordat je aan het garneren slaat, ongegeneerd een roomboterkoekje in het potje balsamico-karamel of een likvingertje in de pan glazuur kunt dopen.

Maar belangrijker is dat de decoratie een scala aan mogelijkheden biedt om desserts en gebak nét dat beetje extra te geven dat ze onalledaags en bijzonder maakt: sponzig, krokant, warm, fluweelzacht, friszuur ...

Feestelijk dus, maar allesbehalve overbodig!

Chocoladeglazuur

200 g chocolade met minstens 50-70% cacaobestanddelen, in stukjes
70 g boter
1 snufje zout

Smelt de chocolade met vier eetlepels water au bain-marie. Roer pas als alle chocolade is gesmolten.

Roer de in blokjes gesneden boter erdoor. Blijf roeren. Voeg dan het zout toe.

Verwerk glazuur altijd lauw. Te koud glazuur stolt en laat zich niet regelmatig verdelen. Te warm glazuur beschadigt de taart en is te vloeibaar.

Leg de taart op een stuk karton. Giet het glazuur in het midden van de taart en strijk het met een lang, smal paletmes gelijkmatig uit over de bovenkant. Laat de taart op een mooi bord glijden.

VOOR EEN TAART VOOR 6 PERSONEN ■ VOORBEREIDINGSTIJD 20 MIN ■ KOOKTIJD 10 MIN

Klassieke ganache

300 g pure chocolade met minstens 70% cacaobestanddelen, in stukjes
200 g crème fraîche
30 g boter, in blokjes

Breek de chocolade in stukjes. Breng de crème fraîche aan de kook. Haal de pan van het vuur. Doe de stukjes chocolade bij de crème fraîche. Roer tot een homogeen mengsel ontstaat en voeg tot slot de boter toe. Roer het mengsel glad.

Voeg eventueel een 1/2 theelepel kaneel of 1 theelepel oranjebloesemwater toe aan de kokende room.

Koninklijk glazuur

100 g chocolade met minstens 70% cacaobestanddelen
30 g boter

Breek de chocolade in stukjes en snijd de boter in blokjes. Smelt de chocolade op heel laag vuur, au bain-marie of in drie keer 30 seconden op vol vermogen in de magnetron. Roer met een spatel door de chocolade zodra die begint te smelten. Roer de chocolade glad en voeg de boter toe. Roer het chocolade-botermengsel met een houten lepel glad. Haal de pan van het vuur en laat afkoelen.

Giet het mengsel op een bord en wentel je handen door het chocoladernengsel (handpalmen en rug).

En nu genieten! Er komt geen vork of lepel aan te pas: alleen je vingers en je mond ... of die van een ander!

VOOR EEN TAART VOOR 6 PERSONEN ■ VOORBEREIDINGSTIJD 20 MIN ■ KOOKTIJD 10 MIN
RUSTTIJD: 2 UUR IN DE KOELKAST (+ 1 UUR OM OP KAMERTEMPERATUUR TE KOMEN)

Koffieganache om te lepelen

1,25 l volle of halfvolle melk
140 g chocolade met minstens 70% cacaobestanddelen, in stukjes
1 tl kaneel
2 kopjes sterke koffie
1 vers ei

Breng de melk aan de kook.

Doe de chocolade, de kaneel en de koffie bij de melk en haal de pan van het vuur. Klop het mengsel met een garde glad en voeg het ei toe. Blijf kloppen tot een homogeen mengsel ontstaat en verdeel het over vier kleine koffiekopjes.

Laat de ganache afkoelen. Dek de kopjes af met huishoudfolie en zet ze op kamertemperatuur weg.

Voor gebruik de volgende dag is het raadzaam de kopjes in de koelkast te zetten. Haal ze er 1 uur voor gebruik uit om ze op kamertemperatuur te laten komen.

Voeg eventueel 1 eetlepel sinaasappel- of mandarijnensap toe aan het chocolademengsel. Garneer de ganache eventueel met slagroom of serveer hem met opgeklopte melk als een cappuccino.

Serveer de chocoladecrème als tussengerecht tussen de hoofdmaaltijd en het dessert of als een lekkernij bij de afterdinnerkoffie. De ganache is ook geschikt als vulling van roomboter- of chocoladecakes.

Chocolade smelten

Smelt chocolade altijd op laag vuur, want chocolade die te hoog wordt verhit, wordt dik en klonterig. Voeg nooit vloeistof toe. Eén druppeltje in de gesmolten chocolade en de vloeibare massa is weer stijf.

Er zijn drie methoden om chocolade te smelten:

In de magnetron

Breek de chocolade in stukjes. Smelt ze afhankelijk van de hoeveelheid 1-3 minuten op vol vermogen in de magnetron. Haal de chocolade uit de magnetron en roer het mengsel glad.

Zet witte en melkchocolade nooit langer dan anderhalve minuut in de magnetron. Roer het mengsel door en zet het zo nodig opnieuw in de magnetron.

Au bain-marie

Breek de chocolade in stukjes. Doe de stukjes in een vuurvaste kom. Zet de kom in een pan met heet water op het vuur. Zorg dat het water niet aan de kook raakt. Roer pure chocolade onder het smelten regelmatig door. Witte en melkchocolade moeten tijdens het smelten voortdurend worden geroerd.

Op zeer laag vuur

Zelfde methode als voor au bain-marie, maar op laag vuur kan de chocolade rechtstreeks in een pan worden gesmolten, met de hittebron op de allerlaagste stand.

Chocolade en crème fraîche kunnen niet tegelijkertijd worden verhit. Breek de chocolade in stukjes. Verwarm de crème fraîche totdat hij bijna kookt. Doe de stukjes chocolade bij de warme room. Roer het mengsel tot een homogene chocoladecrème.

Smelt voor een boter-chocolademengsel altijd eerst de chocolade en voeg daaraan onder voortdurend roeren de in blokjes gesneden boter toe (boter smelt sneller dan chocolade en moet dus later worden toegevoegd).

Chocolade kiezen

Regel 1

Ga nooit af op reclame, want die legt veel te veel nadruk op het percentage cacaobestanddelen, terwijl dat verre van het enige kwaliteitscriterium voor chocolade is. Kwaliteitschocolade is in de eerste plaats chocolade waaraan tijdens elke fase van het fabricageproces optimale aandacht is besteed, en dat is allesbehalve een kwestie van percentages.

Regel 2

Koop altijd chocolade van een bekend merk. Het zijn nu eenmaal de chocoladefabrikanten plus een paar zeldzame chocolatiers die voor het totale productieproces verantwoordelijk zijn. Zij selecteren de cacaobonen, vaak op grond van het land van herkomst (elk gebied levert een boon met een specifiek aroma). Daarna worden de bonen gebrand om het aroma te ontwikkelen en de smaak te verbeteren. Bij het branden is het de kunst de bonen niet te laten verbranden – een nauwkeurig werkje dat bepalend is voor de kwaliteit van het eindproduct. Na het branden worden de bonen gemalen.

Bij het malen wordt de cacaomassa net zo lang gekneed en geroerd tot de dikke bruine pap de perfecte structuur heeft. De laatste cruciale fase in het chocoladefabricageproces, en niet een van de minst belangrijke, is het mengen. Kenmerkend voor goede chocolade is de perfecte balans tussen de drie hoofdbestanddelen van chocolade, namelijk de cacaomassa, de cacaoboter en de suiker. De kwaliteit van het eindproduct is helemaal afhankelijk van het vakmanschap en de smaak van de fabrikant of de chocolatier die de chocolade maakt.

Regel 3

Zorg ervoor dat je van tevoren weet waarvoor je de chocolade wilt gaan gebruiken.

Wie zin heeft in een lekker stuk chocolade 'uit het vuistje', weet wat hij hebben wil. De een houdt van een sterke cacaosmaak en kiest chocolade met een hoog percentage aan cacaobestanddelen, een ander proeft liever andere ingrediënten zoals suiker en melk. Witte chocolade bevat zelfs helemaal geen cacaobestanddelen. Witte chocolade smaakt naar chocolade vanwege de cacaoboter en niet vanwege de cacao.

Koop altijd chocolade met een hoog cacaogehalte (minimaal 50%) als je wilt dat de smaak van de chocolade ondanks de toevoeging van andere ingrediënten overheerst. Let op! Als je in plaats van chocolade met minstens 50% aan cacaobestanddelen chocolade met minstens 70% gebruikt, is dat van invloed op de smaak én de textuur van bijvoorbeeld een dessert. Want hoe hoger het gehalte aan cacaomassa is en hoe meer cacaoboter de chocolade bevat, hoe minder suiker de chocolade bevat. Dus een taart die met chocolade van 50% in plaats van met chocolade van 70% wordt gemaakt, is droger en zoeter dan de oorspronkelijke taart uit het recept.

Voor bonbons en glazuren wordt bij voorkeur couverturechocolade gebruikt. Dit type chocolade bevat meer cacaoboter, waardoor het eerder smelt, makkelijk te verwerken is en mooier glanst. Couverturechocolade is verkrijgbaar bij groothandels voor banketbakkersbenodigdheden.

Voor een taart voor 6-8 personen ■ Voorbereidingstijd 15 min ■ Kooktijd 5 min

Slagroom met stukjes chocolade

500 ml room
40 g fijne tafelsuiker
2 zakjes vanillesuiker
120 g pure chocolade, gehakt

Giet de room in een grote kom en zet die 1 uur in de koelkast of 20 minuten in de vriezer.

Klop de room met de mixer. Begin op de laagste stand en voer de snelheid langzaam op.

Voeg onder het kloppen de suiker en de vanillesuiker toe. Klop de room helemaal stijf (de room moet in volume verdubbeld zijn, maar pas op: klop niet te lang, want dan sla je de room tot boter!). Voeg de chocolade toe. Spatel de chocolade, het liefst met een soepele plastic spatel, voorzichtig door de geslagen room.

Hak chocolade op een grote snijplank met een scherp mes. Gebruik een mes met een lang en vlijmscherp blad. Neem het heft in de ene hand en leg de handpalm van je andere hand vlak bij de mespunt op het niet-snijdende vlak van het blad.

Duw de punt van het mes tegen de snijplank en maak met het heft een neerwaartse beweging. Herhaal deze hakbeweging in verschillende richtingen voor een zeer fijn resultaat.

Light chocoladesaus

75 g chocolade met minstens 70% cacaobestanddelen, in stukjes
120 g suiker
1 tl vanille-extract
400 ml volle melk

Doe 150 ml water in een pannetje en verwarm dat op hoog vuur.

Doe de chocolade bij het warme water. Klop het mengsel met een garde glad en voeg de suiker toe. Roer tot de suiker is opgelost en breng het mengsel aan de kook.

Laat het 5 minuten zachtjes koken.

Haal de pan van het vuur. Voeg de vanille-extract toe en roer het mengsel glad.

Maak de chocoladesaus af door aan deze basissaus de melk toe te voegen. Schenk de melk er beetje bij beetje bij. Voeg melk toe tot de saus de gewenste dikte heeft.

Je kunt deze saus van tevoren klaarmaken. Laat de chocolade-vanillesiroop afkoelen. Doe de saus in een flesje en sluit dat luchtdicht af. In de koelkast blijft de saus een paar dagen goed.

Voor 6-8 personen ■ Voorbereidingstijd 15 min ■ Kooktijd 5 min

Sinaasappelstaafjes in chocolade

250 g chocolade met minstens 70% cacaobestanddelen, in stukjes
500 g gekonfijte sinaasappelstaafjes

Smelt de chocolade op laag vuur of au bain-marie. Verwarm de chocolade onder voortdurend roeren totdat alles is gesmolten. Blijf roeren tot een gladde en homogene massa ontstaat. Neem het pannetje van het vuur.

Doop de sinaasappelstaafjes met behulp van een pincet een voor een voor de helft in de gesmolten chocolade.

Laat ze op een stuk bakpapier drogen.

Pak de sinaasappelstaafjes aan de chocoladekant en doop nu de andere kant in de gesmolten chocolade, zodat de staafjes volledig in een chocoladejasje zijn gehuld.

Laat ze drogen op een stuk bakpapier.

VOORBEREIDINGSTIJD 15 MIN ■ KOOKTIJD 5 MIN

Balsamico-karamelsaus

150 ml water
250 g suiker
100 g slagroom
2 el balsamicoazijn

Doe het water en de suiker in een pan met een dikke bodem. Kook het mengsel tot het begint te karamelliseren. Roer niet. Haal de pan van het vuur en doe de room bij de karamel. Breng het mengsel opnieuw aan de kook. Doe de azijn erbij, roer en haal de pan van het vuur.

DE ideale saus bij ... chocoladetaart!

Warme chocoladesaus

1 vanillestokje
250 ml room
200 g chocolade met minstens 70% cacaobestanddelen

Splijt het vanillestokje in de lengte en schraap het merg er met een theelepeltje uit.

Verwarm de room met het vanillestokje en het merg in een pannetje.

Hak ondertussen de chocolade fijn.

Haal de pan van het vuur zodra de room begint te koken. Voeg de chocolade toe en roer het mengsel glad.

Serveer deze saus warm of lauw.

Fudgesaus

70 g boter
80 g cacaopoeder
200 g suiker
1 snufje zout

Smelt de boter in een middelgrote pan op laag vuur.

Doe de cacao en de suiker bij de gesmolten boter en klop krachtig.

Voeg 120 ml water toe en blijf kloppen tot een gladde saus ontstaat.

Laat de saus op laag vuur ongeveer 15 minuten pruttelen, of zo lang als nodig is voor een voldoende dikke saus.

Haal de pan van het vuur. Serveer de saus bijvoorbeeld over een bolletje ijs.

Maak choco- of roomboterfudge door 50 g suiker aan het recept toe te voegen. Gebruik gezouten boter. Giet de saus op een vel bakpapier en leg er een tweede vel op. Rol het mengsel met een deegroller gelijkmatig uit, laat het 30 minuten afkoelen en verwijder het papier.

Pas op, deze fudge is superplakkerig, maar daardoor superlekker!

Gebruik deze saus als topping over een taart of om makronen aan elkaar te plakken. Maar wat je er ook mee doet, zet de saus hoe dan ook nooit in de koelkast.
Deze saus is niet moeilijk te maken, maar het moet wel snel gebeuren. Zet dus voordat je begint alle ingrediënten in de juiste hoeveelheden binnen handbereik klaar.

Om te drinken

Ik heb me er altijd over verbaasd dat cacaodrank nooit een eigen naam heeft gekregen. We hebben het altijd over warme chocolade, koude chocolade, chocomel, een kop chocolade, een kom chocolademelk, maar geen enkele van deze benamingen geeft precies aan wat het bijzondere is van de verzameling cacaodranken. Misschien is het goed toch even in herinnering te roepen dat cacao onze culinaire wereld over zee is binnengekomen.

De Azteken waren de eersten die de subtiele smaak van de cacaoboon hadden ontdekt en op waarde wisten te schatten. Ze gebruikten de boon als betaalmiddel, maar ook om er een bijzondere drank van te maken. Ze roosterden de bonen, daarna maalden ze die fijn en goten ze er water op. Zo ontstond een dikke, schuimige drank waaraan ze kruiden en maïsmeel toevoegden.

Toen Columbus in 1502 de Amerikaanse kust ontdekte, ging hij aan land op een eiland met de betoverende naam Guajana. Om hun gast van overzee welkom te heten boden de bewoners hem het kostbaarste aan wat ze op het eiland bezaten: een kom 'tchocolatl'. Hoewel Columbus het bittere goedje niet echt lekker vond, nam hij de zak bonen die de eilandbewoners hem hadden geschonken wel mee. Hij was tenslotte de eerste Europeaan die ooit chocolade dronk! Jaren later werden de bijzondere eigenschappen van de cacaoboon ook in Europa ontdekt.

Ik heb drie recepten voor cacaodrank in dit boek opgenomen. De eerste is van een goede vriendin die volgens mij het allerbeste recept voor cheesecake heeft. Wat heeft cheesecake nu met chocolade te maken, hoor ik je al denken, behalve dat het ook tot de verrukkelijke zoetigheden behoort. Deze warme chocolade is mijn favoriet geworden: hij is rijk, intens en fluweelzacht.

Ander continent, ander recept: groene thee met chocolade. Met als grootste pluspunt dat je hem in elk seizoen kunt drinken omdat hij zowel koud als warm heel lekker is.

Matcha is de enige thee in poedervorm. Alle andere theesoorten kennen we als blaadjes die moeten trekken. Het fijne poeder met de diepe, heldere kleur ontwikkelt een krachtige, bittere en plantaardige smaak. Matcha moet met een bamboegarde in water worden opgelost. Tijdens een *blind dinner* heb ik ooit een tafel vol gasten op het verkeerde been gezet met een driekoningentaart met matcha. Iedereen complimenteerde me met deze 'overheerlijke spinazietaart' (!!!). Wie van romig houdt, kan de drank met een wolkje melk voller van smaak maken. Zelf drink ik hem liever met water. En doe vooral nooit suiker in groene thee. Wees hard als een tatami!

De tintelfrisse, schuimige fruitsmoothie is een Engels recept. De vruchten zijn gepureerd, waarna de puree met banaan zoeter en dikker is gemaakt. Tot slot, mijn 'chaud-froid' van chocolade, een drank waarvoor je een beetje vooruit moet kunnen denken, maar die verder weinig handigheid behoeft: maak een ganache, verdeel die over de vakjes van een ijsblokjeshouder en zet die in de vriezer. Serveer de bevroren ganacheblokjes in een glas warme melk. Drink deze cacaodrank met kleine slokjes! Pittig en overheerlijk. Zo moet de 'tchocolatl' van de Azteken ongeveer hebben gesmaakt!

Voor 6 koppen ■ Voorbereidingstijd 10 min ■ Kooktijd 5 min

Warme chocola van Marianne

200 ml slagroom
220 g chocolade met minstens 50-60% cacaobestanddelen
180 ml volle melk

Breng de room in een middelgrote pan aan de kook.

Hak ondertussen de chocolade in kleine stukjes.

Haal de pan van het vuur net voordat de room begint te koken. Doe de chocolade bij de room. Klop tot de chocolade is gesmolten en de chocoladecrème homogeen en glad is.

Roer met een garde de melk door het chocolademengsel. Blijf roeren.

Verwarm de chocolademelk op middelhoog vuur tot hij warm is. Er moet damp van het mengsel af komen, maar het mag in geen geval koken.

Roer de chocoladedrank nog een laatste keer door. Dien onmiddellijk op en geef er een glas water bij.

Luchtdicht afgesloten is het chocoladeconcentraat in de koelkast tien dagen houdbaar. Gebruik voor een kop chocolademelk 60 g chocoladeconcentraat en voeg daaraan 30 ml melk toe. Varieer naar hartenlust met andere soorten pure en melkchocolade.

POUR CROQUER
The Stamp Collection® chocolate contains over 70% organically grown cocoa solids including extra

Voor 4 personen ■ Bereidingstijd 5 min

Chocoladesmoothie

40 g chocolade met minstens 70% cacaobestanddelen
8 bolletjes chocolade-ijs (ongeveer 500 ml)
250 ml volle melk
4 el dikke crème fraîche
1 banaan, gepeld en in stukjes
2 el cacaolikeur (naar keuze)
2 tl honing

Rasp de chocolade. Zet weg.

Meng in een blender of keukenmachine de helft van het ijs met de melk, de crème fraîche, de banaan, de likeur en de honing.

Schenk de drank in glazen. Voeg een bolletje ijs toe en garneer met chocoladerasp.

Dien onmiddellijk op.

Variatie

Vervang de cacaolikeur door Malibu of cognac.

Sweet Cherry Smoothie

60 G BIGARREAUS
4 EL KOKOSRASP
500 ML VOLLE MELK
8 BOLLETJES CHOCOLADE-IJS

Meng in een blender de bigarreaus, de helft van de kokosrasp en de melk tot een schuimige crème.

Voeg 4 bolletjes ijs toe. Mix alles tot een gladde smoothie.

Doe de resterende bolletjes ijs in ijscoupes of glazen. Schenk de smoothie eroverheen en garneer met de rest van de kokosrasp.

VARIATIE

Gebruik in plaats van bigarreaus gekonfijte sinaasappelschilletjes of 40 g gekonfijte gember.

Poids net 170g

Warme cacaodrank van groene thee

1 l volle of halfvolle melk
120 g chocolade met minstens 50-60% cacaobestanddelen
4 tl matcha-thee

Voor 4 kommen ■ Voorbereidingstijd 10 min ■ Kooktijd 10 min

Verwarm de melk in een pannetje op hoog vuur.

Breek ondertussen de chocolade in stukjes.

Haal de pan van het vuur net voordat de melk begint te koken. Doe de chocolade erbij. Roer het mengsel met een spatel glad.

Zet de pan terug op het vuur als de chocolade volledig in de melk is opgelost. Laat het chocolademengsel 5 minuten zachtjes koken. Klop krachtig tot het mengsel glad is.

Doe in elke kom een theelepel groene thee. Zorg ervoor dat de kommen stevig staan. Leg er eventueel een theedoek onder.

Giet de warme chocolademelk onder voortdurend roeren in een dun straaltje bij de thee.

Drink de thee als een echte Japanner en houd de kom in één hand.

Koekjes
en taartjes

Dit hoofdstuk is een van de langste van dit boek. Nogal wiedes: koekjes en taartjes zijn met hun verborgen charme onweerstaanbaar voor liefhebbers van zoet.

Taarten bak je voor een feest, maar koekjes bakken kan altijd. Daar is geen speciale aanleiding voor nodig. Koekjes bakken doe je voor de lol, als tijdverdrijf, om de restjes op te maken (daar zeg je me wat!). Op koekjes zijn zoveel variaties mogelijk dat het moeilijk is om in het algemeen over koekjes te spreken, behalve dat ze niet erg lang houdbaar zijn en dat je ze maar beter meteen kunt opeten.

Omdat ze klein zijn, luistert de baktijd bij koekjes heel nauw, net als de grootte van de bakvorm en de omvang van de balletjes deeg die je op de bakplaat legt. Ook de oventemperatuur is direct van invloed op het eindresultaat.

Hoe kleiner de koekjes, hoe korter de baktijd en hoe heter de oven moet zijn. Welk recept je ook uitprobeert, doe altijd een bakproef voordat je de koekjes met hele bakplaten tegelijk de oven in schuift, want het temperatuurverschil tussen de ene en de andere oven kan tot 30% oplopen!

Laatste tip: bak als het niet strikt noodzakelijk is, nooit al het deeg op. Rol er een worst van en wikkel die in huishoudfolie. Zo ingepakt blijft het deeg in de koelkast zeker 24 uur goed, en in de vriezer zelfs een paar maanden. Even ontdooien, in plakjes snijden en bakken. Ideaal! Altijd verse koekjes, wanneer je maar wilt.

Voor 6 personen ■ Voorbereidingstijd 35 min ■ Baktijd 24 min

Choco-amandel-nogatine

150 g geschaafde amandelen
250 g suiker
50 g pure chocolade met minstens 70% cacaobestanddelen
30 g cacaopoeder

Verwarm de oven voor op 180 °C.

Verdeel de geschaafde amandelen gelijkmatig over een bakplaat en rooster ze in 10 minuten in de oven goudbruin. Schud de bakplaat na 5 minuten heen en weer zodat de amandelen aan alle kanten even bruin worden. Haal de bakplaat uit de oven zodra de amandelen goudgeel zijn. Laat ze afkoelen. Breek het afgekoelde amandelschaafsel tussen je vinger in kleine stukjes.

Karamelliseer de suiker met 5 eetlepels water in een pannetje met een dikke bodem. Gebruik bij voorkeur een koperen of een gietijzeren pan, omdat daarin de warmte gelijkmatiger wordt verdeeld.

Neem de pan van het vuur als de karamel nog een beetje vloeibaar is. Voeg de chocolade, de cacao en de amandelen toe. Klop alles krachtig door elkaar en...

... strijk het mengsel over een met olie ingevet werkvlak of een vel bakpapier. Leg er een tweede vel bakpapier overheen en rol het mengsel met een deegroller uit tot een plak van ongeveer 3 mm dik.

Laat de nogatine afkoelen. Verwijder het papier en breek de plak in stukken. In een plastic zak blijft deze nogatine 1 maand goed.

De amandelen worden gelijkmatiger goudbruin als ze langzaam worden geroosterd. Om die reden zullen amandelen die in een koekenpan worden geroosterd eerder verbranden.

VOOR 6 PERSONEN ■ VOORBEREIDINGSTIJD 15 MIN ■ BAKTIJD 30-35 MIN

Amandel-chocoladecakejes

150 g chocolade met minstens 70% cacaobestanddelen
150 ml slagroom
60 g boter
40 g bloem
1/2 tl bakpoeder
1 snufje zout
60 g poedersuiker
40 g amandelpoeder
3 eiwitten

Verwarm de oven voor op 180 °C.

Breek de chocolade in stukjes. Breng de room in een pan op middelhoog vuur tegen de kook aan. Neem de pan van het vuur, doe de chocolade bij de room en roer tot alle chocolade is gesmolten.

Smelt in een andere pan de boter op middelhoog vuur. Zet een glazen of porseleinen schaal klaar om de gesmolten boter in te doen. Neem de pan van het vuur zodra de boter een hazelnootachtige geur afgeeft. Giet de boter in de kom en laat hem afkoelen.

Meng in een grote kom de bloem, het bakpoeder, het zout, de suiker en het amandelpoeder. Voeg de eiwitten toe aan de droge ingrediënten en meng alles met een garde.

Doe de afgekoelde boter bij het bloemmengsel en roer alles door. Voeg tot slot het chocoladeroommengsel toe en roer alles opnieuw door.

Verdeel het beslag over de cakevormpjes en bak de cakejes in 20-25 minuten gaar in de voorverwarmde oven.

VOOR CIRCA 30 CARRÉS ■ VOORBEREIDINGSTIJD 10 MIN ■ KOELTIJD 2 UUR

Carrés met fudge van pinda's

180 g chocolade met minstens 70% cacaobestanddelen
210 g gezoete gecondenseerde melk
150 g pindakaas (zonder stukjes)
70 g cacaopoeder

Breek de chocolade in stukjes. Doe de stukjes in een vuurvast kommetje. Meng de chocolade met de gezoete gecondenseerde melk en de pindakaas en smelt alles au bain-marie of 2 minuten in de magnetron op vol vermogen. Roer alles door.

Leg een groot vel bakpapier op het werkvlak. Strijk het mengsel over het bakpapier uit tot een laag van 0,5 cm dik. Leg er een tweede vel bakpapier op. Rol de plak met een deegroller gelijkmatig glad.

Leg de plak op een plank en zet die minstens 2 uur in de koelkast.

Snijd de plak in vierkantjes. Doe ze samen met de cacao in een schone plastic zak. Sluit de zak en schud totdat alle vierkantjes rondom met cacao zijn bedekt. Laat ze in een zeef vallen om de overtollige cacao kwijt te raken.

Serveer de fudgecarrés bij een kopje sterke koffie.

VOOR 6 PERSONEN ■ VOORBEREIDINGSTIJD 15 MIN ■ BAKTIJD 15 MIN

Kokos-chocorotsjes

100 G PURE CHOCOLADE MET MINSTENS 70% CACAOBESTANDDELEN
4 EIWITTEN
1 SNUFJE ZOUT
100 G FIJNE TAFELSUIKER
180 G KOKOSRASP

Schuif het ovenrooster midden in de oven en verwarm de oven voor op 170 °C.

Bekleed een bakblik met bakpapier.

Breek de chocolade in vrij grove stukken. Houd ze apart.

Klop de eiwitten met een snufje zout met een elektrische mixer stijf. Voeg de suiker toe zodra de eiwitten zachte pieken beginnen te vormen. Schep het kokos met een plastic spatel voorzichtig door het eiwit. Voeg als laatste de stukjes chocolade toe.

Schep met een theelepel kleine bergjes beslag op de bakplaat. Schuif de bakplaat in de oven en bak de rotsjes 15 minuten.

Haal de bakplaat uit de oven. Laat de rotsjes afkoelen. Trek daarvoor het bakpapier met de rotsjes op een rooster.

Serveer de rotsjes binnen 12 uur na het bakken, anders worden ze zacht.

VARIATIE Vervang de chocolade eventueel door in rum geweekte rozijnen. Niet vergeten: grotere rotsjes vragen een langere baktijd.

VOOR 45 FLORENTINES ■ VOORBEREIDINGSTIJD 10 MIN ■ BAKTIJD 6 MIN

Florentines

120 G ROZIJNEN
60 G CORNFLAKES
60 G GESCHAAFDE AMANDELEN, GEROOSTERD
110 G BIGARREAUS (OF GEKONFIJTE SINAASAPPEL OF GEMBER)
160 ML GEZOETE GECONDENSEERDE MELK
60 G WITTE CHOCOLADE
60 G PURE CHOCOLADE MET MINSTENS 70% CACAOBESTANDDELEN

Verwarm de oven voor op 180 °C.

Bekleed twee bakplaten met bakpapier.

Meng in een kom de rozijnen, cornflakes, geschaafde amandelen, bigarreaus en gecondenseerde melk.

Vorm vanboven iets bolle en vanonder platte, ronde koekjes en leg ze met ongeveer 5 cm tussenruimte op de bakplaten. Bak ze in 6 minuten licht goudgeel in de voorverwarmde oven. Laat ze op de bakplaten afkoelen.

Smelt ondertussen de witte en de pure chocolade in twee afzonderlijke kommen au bain-marie of in de magnetron. Doop de platte kant van de koekjes in de gesmolten witte of pure chocolade.

Voor 4 personen ■ Voorbereidingstijd 10 min ■ Baktijd 10 min

Brusselse wafels met chocolade

40 g boter
125 g bloem
2 zakjes vanillesuiker
2 el cacaopoeder
1 zakje bakpoeder
1 snufje zout
200 ml melk
2 eieren, gesplitst

Smelt de boter in een pannetje. Haal het pannetje van het vuur en laat de boter afkoelen.

Roer in een grote kom de bloem, vanillesuiker, cacao, het bakpoeder en het zout met een garde door elkaar.

Giet de helft van de melk, de eidooiers en de gesmolten boter over de droge ingrediënten. Roer alles door elkaar.

Voeg de rest van de melk toe en roer opnieuw.

Sla de eiwitten met een snufje zout stijf met de mixer. Begin met de mixer in de laagste stand om de eiwitten los te kloppen en voer de snelheid op om ze stijf te slaan.

Schep het eiwit met een plastic spatel voorzichtig door het beslag.

Gebruik het beslag zodra het klaar is. Laat het hooguit 30 minuten staan.

Verwarm het wafelijzer en vet het in met een stuk in olie gedrenkt keukenpapier. Verhit voor knapperige wafels het ijzer zo heet mogelijk. Giet een lepel beslag in het ijzer en bak de wafel volgens de gebruiksaanwijzing (ongeveer 3 minuten).

Zin in chocoladewafels? Serveer deze wafels dan met een (warme) chocoladesaus!

Superlichte chocolademakronen

Voor circa 12 makronen - Voorbereidingstijd 10 min - Baktijd 13 min

110 g amandelpoeder
45 g cacaopoeder
180 g fijne tafelsuiker
6 eiwitten
sap van een 1/2 citroen

Verwarm de oven voor op 210 °C.

Zeef het amandelpoeder, de cacao en 100 g suiker boven een kom. Meng alles door elkaar. Sla de eiwitten met het citroensap in een grote kom met de mixer stijf. Begin met de mixer in de laagste stand om de eiwitten los te kloppen en voer de snelheid op om ze stijf te slaan. Voeg beetje bij beetje de resterende suiker toe.

Stuif het amandelmengsel over de stijfgeklopte eiwitten en schep het mengsel met een soepele plastic spatel om. Schep telkens vanuit het midden naar de rand van de kom en draai tegelijk de kom om zijn eigen as.

Schep kleine bergjes van het mengsel op een met bakpapier beklede bakplaat. Bak de koekjes 3 minuten.

Draai de oventemperatuur omlaag naar 180 °C en bak de koekjes nog 10 minuten. Laat de koekjes op een rooster afkoelen.

VOOR 10 KOEKJES ■ VOORBEREIDINGSTIJD 10 MIN ■ RUSTTIJD 2 UUR

Chocoladeflikken

100 G CHOCOLADE MET MINSTENS 70% CACAOBESTANDDELEN
50 G BOTER

Breek de chocolade in stukjes en smelt ze op laag vuur of au bain-marie. Verwarm de chocolade onder voortdurend roeren totdat alles is gesmolten. Voeg de in blokjes gesneden boter toe aan de gesmolten chocolade en roer tot een glad en homogeen mengsel ontstaat. Neem de kom van het vuur.

Verdeel het chocolademengsel lepelgewijs over een ingevette, koude marmeren plaat, een vel siliconenpapier of een vel bakpapier dat op de hoeken met iets zwaars op zijn plaats wordt gehouden. Strijk het mengsel met de rug van de lepel glad in de vorm van een flik.

Laat afkoelen tot de flikken makkelijk loslaten.

VARIATIE

Garneer de flikken naar eigen smaak met zuidvruchten zoals rozijnen of noten zoals amandelen en gedopte pistachenoten.

Chocolademakronen op mijn manier

250 g suiker
125 g amandelpoeder
125 g hazelnootpoeder
60 g cacaopoeder
4 eiwitten

Verwarm de oven voor op 210 °C.

Meng in een grote kom de suiker, het amandel- en hazelnootpoeder en de cacao. Voeg de eiwitten (niet stijfgeslagen) toe en roer alles tot een homogeen mengsel.

Schep met een theelepel kleine bergjes deeg op een met bakpapier beklede bakplaat. Bak de koekjes afhankelijk van de grootte 7-8 minuten in de voorverwarmde oven.

Haal de makronen van het bakpapier en laat ze op een rooster afkoelen.

Ook met alleen amandelpoeder zijn deze makronen erg lekker!

Klassieke makronen zijn dubbel zo dik! Bestrijk 12 makronen met een laagje chocoladeganache en leg daar de andere 12 makronen op, net als op de foto.

Sticky chocolademakronen

125 g chocolade met minstens 50-60% cacaobestanddelen

1 el vanille-extract

150 g amandelpoeder

115 g fijne tafelsuiker

2 eiwitten

Verwarm de oven voor op 180 °C.

Breek de chocolade in stukjes en smelt ze op zeer laag vuur of au bain-marie in een grote pan. Verwarm de chocolade onder voortdurend roeren totdat alles is gesmolten. Voeg het vanille-extract, amandelpoeder, de suiker en de niet-geslagen eiwitten toe. Klop het mengsel 1 minuut met de mixer.

Bekleed een bakplaat met bakpapier.

Schep met een eetlepel bergjes van het deeg op de bakpaat.

Bak de koekjes 13-14 minuten in de voorverwarmde oven.

Haal de bakplaat uit de oven en laat de koekjes op een rooster afkoelen. Haal ze daarna voorzichtig van het bakpapier.

Eet ze koud.

Zijn niet alle koekjes meteen opgegeten? Doe ze in een luchtdichte plastic zak als je ze langer dan 12 uur wilt bewaren.

Mini-madeleines met chocoflinters

100 g boter + 20 g voor de vorm
50 g bloem
100 g poedersuiker
50 g amandelpoeder
1 snufje zout
4 eiwitten
1 tl honing
50 g pure chocolade

Verwarm de oven voor op 220 °C.

Vet een muffinvorm in.

Smelt de boter in een pannetje op middelhoog vuur tot hij lichtbruin kleurt. Haal de pan van het vuur en laat de gesmolten boter afkoelen.

Meng de bloem, de poedersuiker, het amandelpoeder en het zout.

Roer de eiwitten met de droge ingrediënten tot een homogeen mengsel. Werk de boter en de honing er met een spatel door. Laat het beslag ten minste 1 uur in de koelkast rusten.

Hak de chocolade in stukjes en werk die door het beslag.

Verdeel het beslag met een lepel over de holtes in de bakvorm.

Bak de mini-madeleines 5-7 minuten in de voorverwarmde oven: ze moeten licht goudbruin en goed gerezen zijn. Haal ze uit de oven en laat ze 5 minuten tot lauw afkoelen. Haal de cakejes uit de vorm en vul de holtes voor de volgende ronde.

Serveer de mini-madeleines lauw of koud.

Bewaar de mini-madeleines in een luchtdicht afgesloten trommel of rol ze in een theedoek. Wie tijd heeft kan het amandelpoeder voor gebruik op middelhoog vuur in een droge koekenpan met antiaanbaklaag licht roosteren. Dan zijn de cakejes nóg lekkerder.

VOOR CIRCA 12 WAFELS ■ VOORBEREIDINGSTIJD 15 MIN ■ BAKTIJD 3 MIN

Smeuïge chocolade-kardemomwafels

50 g boter
3-4 kardemompeulen
2 eieren
250 g bloem
2 zakjes vanillesuiker
3 el cacaopoeder
1 snufje zout
1 zakje bakpoeder
350 ml melk
150 g melkchocolade

Smelt de boter in een pannetje. Haal de pan van het vuur en laat de boter afkoelen.

Splijt de kardemompeulen, schraap het merg eruit en hak de peulen in de vijzel of met een scherp mes fijn.

Klop de eieren in een grote kom gedurende 1 minuut tot een schuimig mengsel.

Meng in een andere kom de bloem met de suiker, de cacao, het zout, de kardemom en het bakpoeder. Roer de helft van het droge mengsel door de eieren en voeg dan de helft van de melk toe. Voeg daarna de gesmolten boter, de rest van het bloemmengsel en tot slot de rest van de melk toe. Roer alles goed door en laat het mengsel 15 minuten rusten.

Verwarm het wafelijzer en vet het in met een stuk in olie gedrenkt keukenpapier. Verhit voor knapperige wafels het ijzer zo heet mogelijk. Giet een lepel beslag in het ijzer en bak de wafel volgens de gebruiksaanwijzing (ongeveer 3 minuten).

Breek ondertussen de melkchocolade in stukjes.

Verdeel ze over de nog warme wafels.

Serveer de wafels warm.

Variatie: bestrooi de wafels met poedersuiker.

De wafels zijn ook zonder kardemom erg lekker. Ook kun je de kardemom vervangen door een 1/2 theelepel kaneel of geraspte tonkaboon.

Voor 6 personen ■ Voorbereidingstijd 20 min ■ Baktijd 14 min ■ Rusttijd 1 uur

Sandwichkoekjes

60 g hazelnoten + 6 hazelnoten ter garnering
100 g zachte boter, in blokjes
50 g suiker
1 zakje vanillesuiker
125 g bloem
40 g cacao
1 snufje zout
$^1/_2$ tl kaneel
6 blokjes gianduja (van elk ongeveer 6 g)

Rooster de hazelnoten in een droge koekenpan met antiaanbaklaag. Laat ze afkoelen en wrijf er tussen je vingers de vliesjes af.

Hak de hazelnoten heel fijn.

Doe de boter in een grote kom. Doe de suiker en de vanillesuiker erbij en prak het boter-suikermengsel met een vork smeuïg.

Voeg de bloem, de verpulverde hazelnoten, de cacao, het zout en de kaneel toe. Kneed het deeg goed door en rol er twee dikke worsten van.

Wikkel ze in huishoudfolie en laat ze minstens 1 uur in de koelkast rusten.

Verwarm de oven voor op 180 °C. Bekleed een bakplaat met bakpapier.

Snijd elke deegworst in zes plakjes en leg de eerste zes plakjes op de bakplaat. Leg in het midden van elk plakje een blokje chocolade en leg op elke plakje een tweede plakje. Duw ze licht aan, zodat de chocolade in het deeg wordt opgenomen.

Bak de koekjes 14 minuten.

Haal de bakplaat halverwege de baktijd uit de oven en keer elke ‘sandwich’ om. Leg op elke sandwich een hazelnoot en duw die licht in het deeg. Schuif de plaat met de koekjes terug in de oven.

Haal de koekjes uit de oven en serveer ze lauw.

Vervang de kaneel door gember en neem in plaats van gianduja een chocoladesoort naar eigen keuze.

Voor 1 kg ▪ Voorbereidingstijd 30 min ▪ Baktijd 40 min

Granola met chocolade

100 g pure chocolade met minstens 70% cacaobestanddelen
125 g kokosrasp
120 ml ahornsiroop
120 g zachte boter
120 g basterdsuiker
160 g havervlokken
100 g gedroogde cranberry's of andere gedroogde (zuid)vruchten
210 g boekweitmeel of volkorenmeel
1 tl kaneel

Verwarm de oven voor op 180 °C.

Bekleed een bakplaat met bakpapier.

Hak de chocolade in stukjes.

Meng in een middelgrote kom de kokosrasp met de ahornsiroop.

Prak de boter met de basterdsuiker in een grote kom met een vork tot een smeuïg mengsel.

Voeg de havervlokken, cranberry's, het kokos-ahornsiroopmengsel, de kaneel en 2 eetlepels water toe. Meng goed.

Maak van de helft van het deeg een rechthoek van ongeveer 20 x 30 cm.

Verdeel de chocoladeflinters over de deegplak en dek de reep af met het resterende deeg.

Duw beide lagen met de rug van een lepel tot een homogeen blok.

Bak de granola 40 minuten in de voorverwarmde oven.

Haal de koek uit de oven en laat hem op een rooster afkoelen.

Breek de granola in stukken en bewaar die in een koektrommel.

Eet de granola als tussendoortje, bij een kop koffie of thee, of verbrokkel hem in de yoghurt of over een bolletje ijs. Ook zonder (zuid)vruchten en kaneel is deze granola erg lekker!

Voor 4 personen ■ Voorbereidingstijd 20 min ■ Baktijd 45 min

Chocolademeringues

3 eiwitten
165 g suiker
1 el cacaopoeder

Haal het ovenrooster uit de oven en bekleed het met een stuk aluminiumfolie of bakpapier.

Verwarm de oven voor op 120 °C.

Sla in een grote kom de eiwitten met de mixer stijf. Voeg als de eiwitten zachte pieken vormen lepel voor lepel de suiker toe. Blijf kloppen tot de suiker is opgelost. Schep de cacao met een plastic spatel door het eiwit.

Schep het eiwit in vier gelijke delen op het aluminiumfolie of bakpapier. Zo krijg je 4 meringues van ongeveer 10 cm doorsnee.

Bak ze 45 minuten in de voorverwarmde oven tot ze vanbinnen helemaal droog zijn.

Voor 4 personen ■ Bereidingstijd 10 min

Makronen met een hart van ijs

500 ml chocoladesorbetijs
250 g frambozen
4 chocolademakronen
4 frambozenmakronen
coulis van rood fruit

Laat het sorbetijs in een kom een beetje zacht worden.

Zoek 8 mooie frambozen uit houd ze achter.

Snijd de rest van de frambozen fijn en roer ze door de helft van het sorbetijs.

Haal beide delen van de makronen van elkaar.

Schep op de chocolademakronen een theelepel van het frambozen-chocolade-sorbetijs en leg er een frambozenmakroon op.

Maak met twee eetlepels 4 bolletjes van het resterende sorbetijs. Leg midden op elk bord een bolletje ijs en 2 makronen. Garneer met de verse frambozen.

Serveer onmiddellijk met een coulis van rood fruit.

Varieer naar hartenlust met fruit en makronen in verschillende smaken. Probeer ook eens passievrucht, mango, kiwi, citroen of sinaasappel.

Voor 16 koekjes ▪ Voorbereidingstijd 15 min ▪ Koeltijd 30 min ▪ Baktijd 12 min

Chocolade-amaretti

110 g bloem
30 g cacaopoeder
1 snufje zout
110 g zachte boter
30 g poedersuiker
4 druppels bittere amandelessence
1 tl vanille-extract

Meng in een kom de bloem, de cacao en het zout.

Klop in een andere kom de boter, de poedersuiker, de amandelessence en het vanille-extract tot een romig mengsel ontstaat.

Werk de droge ingrediënten met een plastic spatel door het botermengsel.

Rol twee ballen van het deeg. Wikkel ze in huishoudfolie en laat ze minstens 30 minuten in de koelkast rusten.

Verwarm de oven voor op 160 °C. Rol uit elke deegbal acht bolletjes en leg die op een met bakpapier beklede bakplaat.

Bak ze 12 minuten en laat ze op een rooster afkoelen.

De koekjes moeten vanbinnen zacht blijven.

Verdeel het deeg in twee stukken, dan wordt het in de koelkast sneller koud.

Voor 40 koekjes ■ Voorbereidingstijd 15 min ■ Baktijd 20+15 min ■ Koeltijd 5 min

Sinaasappel-cacaobiscotti

40 g gesmolten boter
40 g gekonfijte sinaasappelschilletjes
150 g suiker
2 zakjes vanillesuiker
2 eieren
210 g bloem
1 volle tl bakpoeder
50 g cacaopoeder
1 snufje zout
100 g pecannoten

Verwarm de oven voor op 180 °C.

Vet een bakplaat in met olie of bekleed de plaat met bakpapier.

Snijd de reepjes sinaasappelschil in niet te kleine stukjes.

Meng de suiker, vanillesuiker en gesmolten boter. Voeg de eieren een voor een toe en roer het mengsel na elk ei goed door.

Meng de bloem met het bakpoeder, de cacao en het snufje zout. Werk de droge ingrediënten beetje bij beetje door het botermengsel. Voeg de noten en de stukjes sinaasappelschil toe. Meng goed en verdeel het deeg in drie stukken. Vorm van elk deegstuk met de hand een rechthoek van ongeveer 25 x 5 cm.

Leg de plakken op de bakplaat. Bak ze 20 minuten in de voorverwarmde oven. Haal de biscotti uit de oven en laat ze 5 minuten op een rooster afkoelen.

Leg de biscotti op een plank en snijd ze met een scherp mes in plakken van 1 cm dik.

Leg deze biscotti op de bakplaat met het snijvlak naar boven.

Schuif de bakplaat terug in de oven en bak de biscotti 15 minuten, tot ze gaan kleuren.

Laat ze afkoelen op een rooster en bewaar ze in een luchtdichte plastic zak of trommel.

Vervang de pecannoten en de stukjes sinaasappelschil eventueel door 65 g gepelde en geroosterde hazelnoten en 40 g chocoladedrops.

Voor circa 12 koekjes ■ Voorbereidingstijd 20 min ■ Koeltijd 1 uur ■ Baktijd 10 min

Chocolade-muntkoekjes

2 takjes verse munt
100 g pure chocolade met 70% cacaobestanddelen
1 eidooier
100 g fijne tafelsuiker
80 g zachte boter
140 g bloem
1 afgestreken el bakpoeder
1 snufje zout

Was en droog de munt en hak de blaadjes fijn.

Hak de chocolade met een mes fijn.

Klop de eidooier met de suiker tot een bleekgeel mengsel. Doe de zachte boter erbij. Prak het mengsel met een vork en voeg de bloem, het bakpoeder, de munt en een snufje zout toe.

Roer alles snel met een spatel door en doe de chocolade erbij.

Maak een rol van het deeg. Wikkel de rol in huishoudfolie en laat het deeg ten minste 1 uur rusten in de koelkast.

Verwarm de oven voor op 180 °C.

Bekleed een bakplaat met bakpapier.

Snijd de deegrol in ongeveer 12 schijfjes en leg die op de bakplaat.

Bak de koekjes 10 minuten in de voorverwarmde oven.

Haal de bakplaat uit de oven. Trek het bakpapier met de koekjes op een rooster en laat de koekjes afkoelen.

Vervang de verse munt eventueel door een eetlepel gedroogde munt.
Serveer de koekjes met verse slagroom die met vanillesuiker is gezoet.

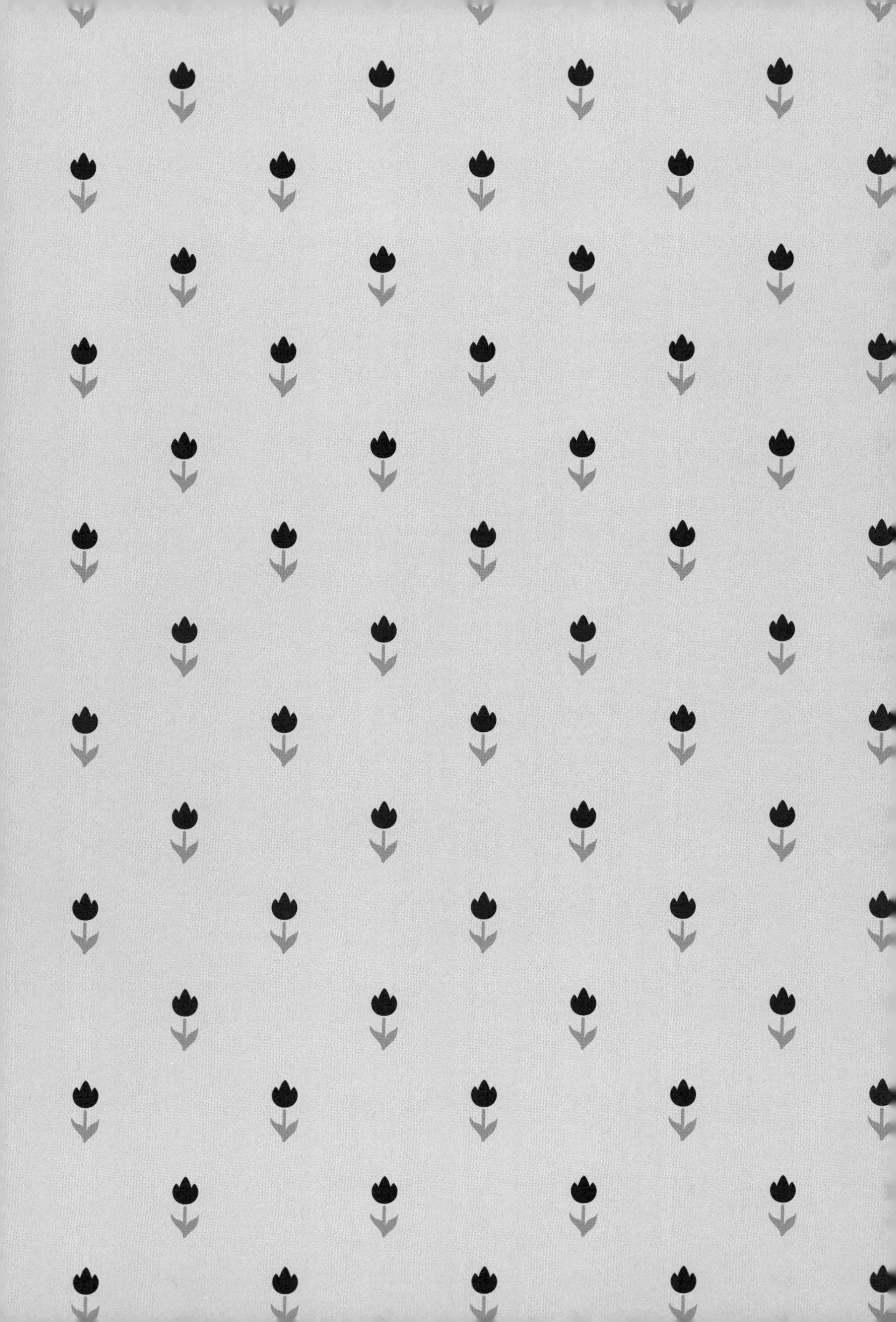

Brownies

Het is niet eenvoudig om een dessert te noemen dat wereldwijd even bekend is als dit Amerikaanse gebak.

Van tompoezen en andere soezen waar zoetekauwen dol op zijn, kennen alleen banketbakkers het geheim, maar brownies worden uit alle ovens getoverd. Dit natte baksel dat bij veel mensen jeugdherinneringen oproept, is extra aantrekkelijk vanwege de vele vierkantjes die eruit gesneden kunnen worden. Elke brownie is een taartje op zich. Een beetje als de wonderbare visvangst en de spijziging van de vijfduizend uit de Bijbel, maar dan met brownies.

Maar pas op! Er zit een addertje onder het gras. Net als voor alle basisprincipes van het bakken geldt ook hier dat middelmatige brownies niet bestaan. Iedereen die ooit een echte brownie heeft gegeten – en wie heeft dat niet? – kan een scherp oordeel vellen. Ik durf te beweren dat mijn brownie met pecannoten hét schoolvoorbeeld van de klassieke brownie is. De ingrediënten zijn makkelijk te onthouden en de hoeveelheden ook:

neem een paar eieren (3 voor 6 personen), doe er hun gewicht aan goede pure chocolade, aan boter en aan suiker bij, hun halve gewicht aan bloem en twee handjes noten. Rest de kunst om van de brownie de zacht-krokante-nauwelijks-gebakken chocoladeverrassing te maken die een brownie tot een echte brownie maakt. En dat kan behoorlijk wat hoofdbrekens opleveren. Na tien jaar proberen had ik de moed nog altijd niet opgegeven. Maar tijdens het schrijven van dit boek heb ik dan eindelijk de truc ontdekt.

Daarom alleen al zul je geen spijt hebben van de euro's die je bij de boekhandel aan dit boek hebt uitgegeven: zet de brownie – of beter gezegd de bakvorm – zodra hij uit de oven komt meteen in koud water om het bakproces stop te zetten.

Succes verzekerd!

Simpel trucje, groots resultaat!

Voor 12 vierkantjes ■ Voorbereidingstijd 35 min ■ Baktijd 30 min

Brownie met vijgen en hazelnoot

100 g zachte boter + 10 g voor de vorm
200 g gedroogde vijgen
100 g suiker
2 eieren
180 g hazelnootpoeder
1 grote el maïzena
50 g cacaopoeder
150 ml banketbakkersroom*
30 g hele hazelnoten

Verwarm de oven voor op 160 °C.

Vet een vierkante bakvorm van 20 x 20 cm in.

Snijd de vijgen in reepjes. Zet ze apart.

Klop in een middelgrote kom de boter en de suiker met de mixer tot een bleekgeel, luchtig mengsel.

Voeg een voor een de eieren toe en roer het mengsel na elk ei goed door.

Schep met een spatel het hazelnootpoeder, de maïzena en de cacao door het mengsel van boter, suiker en ei. Roer de lauwe banketbakkersroom erdoor.

Voeg de reepjes vijg toe. Roer goed. Giet het mengsel in de bakvorm en verdeel de gehakte hazelnoten over het beslag.

Bak de brownie 30 minuten in de voorverwarmde oven. Laat hem op een rooster afkoelen en snijd hem in vierkante stukjes.

* Maak de banketbakkersroom door 1/8 opengesneden vanillestokje samen met 125 ml melk en 20 g suiker in een steelpan op matig vuur aan de kook te brengen. Draai het vuur laag en laat 10 minuten trekken. Klop in een kom 2 eidooiers met 10 g suiker tot een bleekgele room en klop er 10 g maïzena door. Zeef de melk en schenk hem al kloppend bij het dooiermengsel. Giet het mengsel in de steelpan en breng het aan de kook. Laat de room 2 minuten al roerend pruttelen. Laat hem dan tot lauw of koud afkoelen. Werk nooit warme room door het beslag.

Voor een taart voor 6-8 personen ■ Voorbereidingstijd 15 min ■ Baktijd 5 min

Brownie met pecannoten

50 g pecannoten (of hazelnoten)
200 g boter + 15 g voor de vorm, in blokjes
200 g chocolade met minstens 60-70% cacaobestanddelen
3 grote eieren (van elk ongeveer 65 g)
180 g suiker
2 zakjes vanillesuiker
80 g gezeefde bloem

Verwarm de oven voor op 200 °C en schuif het rooster midden in de oven.

Rooster de noten in een droge koekenpan om de geur vrij te laten komen.

Vet een vierkante bakvorm (of een ovenschaal) van 20 x 20 cm in met boter.

Breek de chocolade in stukjes en smelt die op heel laag vuur of au bain-marie.

Verwarm de chocolade onder voortdurend roeren totdat alles is gesmolten.

Voeg de boter toe. Roer tot de boter volledig door de chocolade is opgenomen.

Klop de eieren met de suiker en de vanillesuiker. Voeg beetje bij beetje de gezeefde bloem toe en daarna de hazelnoten. Spatel de chocolade door het mengsel. Giet het beslag in de bakvorm.

Bak de taart 20 minuten.

Neem vlak voor het einde van de baktijd een schaal die groter is dan de bakvorm en vul die voor de helft met koud water en ijsklontjes (of gebruik de gootsteen).

Haal de taart uit de oven en zet de bakvorm meteen uit de oven in het koude water. Laat de taart afkoelen.

Serveer de taart minstens 1 uur na het bakken. Geef er vanille-ijs bij of met vanillesuiker gezoete slagroom.

Mijn geheim voor een brownie die gegarandeerd zacht vanbinnen en knapperig vanbuiten is: zet de bakvorm, zodra de brownie uit de oven komt, in een ijskoud bad om het bakproces te stoppen.

Rooster de noten in een koekenpan zodat ze een sterkere geur en een vollere smaak krijgen.

Bak een brownie die vanbinnen smeuïg maar toch droog moet zijn 35 minuten op 150 °C.

Voor 8 personen ■ Voorbereidingstijd 15 min ■ Baktijd 30 min ■ Koeltijd 2 uur

Brownie met havervlokken

200 g chocolade met minstens 55-70% cacaobestanddelen
50 g gezouten boter
75 g havervlokken
25 g melkpoeder
1 el biergist
1 snufje zout
2 eieren
1 grote el melasse of schenkstroop
1 tl vanille-extract
60 g pecannoten

Voor de topping

30 g boter
100 g pure chocolade, in stukjes
1 el slagroom

Verwarm de oven voor op 160 °C.

Smelt de chocolade met de boter in de magnetron.

Meng in een grote kom de havervlokken, het melkpoeder, de biergist en het snufje zout met een garde. Voeg een voor een de eieren toe. Klop na elk ei het mengsel goed door. Doe de melasse en het vanille-extract erbij en roer opnieuw.

Giet de gesmolten chocolade erbij en voeg de noten toe. Meng alles met een plastic spatel tot een homogeen mengsel.

Schep het beslag in een vierkante bakvorm van 20 x 20 cm. Bak de taart 30 minuten in de voorverwarmde oven. Haal het gebak uit de oven. Laat het op een rooster afkoelen tot lauw en verwijder de vorm.

Smelt voor de topping de boter met de stukjes chocolade. Roer het mengsel glad en voeg de room toe. Roer het mengsel glad en strijk het met een paletmes uit over de taart.

Zet de brownie minstens 2 uur in de koelkast. Snijd hem in vierkante stukjes en dien ze op.

Melasse, een suikerstroop van rietsuiker, bevat 50% suiker. Melasse is rijk aan minerale zouten en zeer geurig. De smaak van melasse heeft een licht dropaccent.

Voeg eventueel tegelijk met de pecannoten 60 g in blokjes gesneden gedroogde vijgen toe.

Boomstammen

Eerlijk gezegd heb ik helemaal niks met boomstammen!

Ik geloof dat het maken van boomstammen me zo verlamt dat ik van de weeromstuit heb besloten dat ik niet van dat dessert houd.

Ter illustratie deze afschuwelijke anekdote: het liep tegen kerst en ik presenteerde al twee jaar een kookprogramma op de Franse televisie. Tot op dat moment had ik altijd zelf bepaald welke recepten zouden worden verfilmd. De culinaire programmering was dan ook een afspiegeling van mijn ideeën en mijn voorkeuren, mijn ervaringen en ontmoetingen en, in heel beperkte mate, van de culinaire kalender.

Maar nu, voor de allereerste keer, bemoeide de directrice van de omroep zich ermee en moest ik een boomstam in het programma opnemen, zo'n boomstam 'zoals oma die vroeger maakte'. Lastig! Met de allerbeste wil van de wereld pobeerde ik er iets van te maken. Ik dacht dat het voldoende was een plak luchtig biscuitgebak met confiture of chocoladeganache te bestrijken en die dan op te rollen. Net zoals ik een broek oprol als ik mijn koffer inpak – maar dan zonder de confiture! De opnames werden een ramp. Het huilen stond me nader dan het lachen. Dat moment markeert in mijn herinnering het einde van mijn onbezorgde leven. Ik moet toen wel heel weinig sores aan mijn hoofd hebben gehad, anders was ik niet spontaan in huilen uitgebarsten vanwege een mislukte taart! Ondertussen heb ik me een beetje met de boomstam verzoend – vooral met de boomstam die ik bij de banketbakker ga kopen. Zelfgebakken boomstammen maak ik alleen in een zeer vereenvoudigde versie. Met kerst wil ik niks weten van de afgezaagde rolcake die de boomstam tot een banaal baksel heeft verlaagd. Mijn boomstam is een kartonnen cilinder die ik bekleed met gebak van biscuitdeeg en daarna vul met mousse. Veel makkelijker en veel lekkerder ook, zoveel is duidelijk. De andere boomstammen in dit hoofdstuk verdienen die naam eigenlijk niet, maar nadat ik hun effect heb getest op een culinair veeleisend gezelschap van familieleden, weet ik het zeker. Vandaar mijn tip: houd het simpel!

Snelle boomstam

4 kopjes sterke koffie
3 el Cointreau of Grand Marnier
250 g chocolade met minstens 50% cacaobestanddelen
3 eidooiers
100 g suiker
150 g zachte boter
250 g lange vingers

Voor de ganache
100 ml slagroom
100 g pure chocolade, in stukjes

Zet koffie en giet die in een diep bord. Roer de Cointreau door de koffie. Breek de chocolade in stukjes. Smelt de chocolade op heel laag vuur of au bain-marie. Verwarm de chocolade onder voortdurend roeren totdat alles is gemolten. Haal de pan van het vuur en laat de chocolade rusten.

Klop de eidooiers en de suiker met de mixer tot een bleekgeel mengsel. Voeg de boter toe en spatel de gesmolten chocolade door het botermengsel.

Bekleed een rechthoekige bakvorm of schaal met bakpapier. Bedek de bodem met een laag in de koffie geweekte lange vingers. Schep de helft van de chocoladecrème op de lange vingers. Leg op de chocoladelaag een tweede laag in de koffie geweekte lange vingers en schep daar weer een laag chocolade op. Eindig met een laag in de koffie geweekte lange vingers. Dek af met huishoudfolie en laat 24 uur in de koelkast rusten.

Breng voor de ganache de room aan de kook. Haal de pan van het vuur en doe de chocolade erin. Roer het mengsel glad en zet het apart.

Stort de boomstam en garneer het dessert met de ganache. Dien het meteen op.

Vervang de lange vingers eventueel door droge biscuitjes of met de hand verbrokkelde meringues.

Voor een boomstam voor 6-8 personen ■ Voorbereidingstijd 45 min ■ Baktijd 10 min ■ Koeltijd 3 uur

Kerstboomstam met chocolade en geglaceerde kastanjes

Voor het rolgebak

3 eieren
80 g suiker
40 g chocolade, in stukjes
40 g boter + 10 g voor het bakpapier
50 g bloem
40 g amandelpoeder

Voor de mousse en de topping

400 ml slagroom
400 g chocolade met minstens 70% cacaobestanddelen
60 g boter, in blokjes
2 eidooiers
30 g suiker
2 el cognac of rum
4 geglaceerde kastanjes + 5 of 6 ter garnering

Voor het rolgebak

Verwarm de oven voor op 200 °C. Bekleed een bakplaat met bakpapier en vet dat in met boter.

Breek de eieren en scheid het eigeel van het eiwit. Klop de eidooiers met de helft van de suiker licht en schuimig. Sla de eiwitten met de mixer stijf. Voeg als de eiwitten stijve pieken beginnen te vormen beetje bij beetje de resterende suiker toe.

Smelt de chocolade onder voortdurend roeren in een grote pan op heel laag vuur of au bain-marie. Voeg de boter toe en roer het mengsel glad. Haal de pan van het vuur.

Giet het eigeel-suikermengsel bij de gesmolten chocolade. Roer alles tot een homogene massa en spatel met luchtige slagen voorzichtig het eiwit erdoor. Zeef de bloem en het amandelpoeder erboven en schep de droge ingrediënten vanuit het midden door het chocolademengsel in de kom. Draai tijdens het scheppen de kom tevens om zijn eigen as.

Verdeel het beslag over de met bakpapier beklede bakplaat. Strijk het met een paletmes of de rug van een lepel glad. Bak het rolgebak 10 minuten in de voorverwarmde oven.

Maak terwijl het biscuitdeeg bakt, de 'vorm' klaar. Gebruik daarvoor een kartonnen koker met een diameter van ongeveer 12 cm en een lengte van ongeveer 30 cm. Knip de koker in de lengte open. Bedek de binnenzijde met een vel bakpapier en klaar is de vorm.

Laat het rolgebak 5 minuten rusten. Snijd het in de lengte in tweeën (in twee stukken van resp. een derde en twee derde van de breedte).

Schuif de breedste plak in de vorm en snijd het gebak dat uit de rol steekt af.

Voor de mousse en de topping

Schenk 200 ml slagroom in een grote kom en zet die 15 minuten in de koelkast.

Smelt 200 g chocolade onder voortdurend roeren in een grote pan op heel laag vuur of au bain-marie. Voeg de boter toe en roer het mengsel glad. Haal de pan van het vuur.

Klop de eidooiers met de suiker en de cognac tot een lichtgeel mengsel.

Neem de kom met gekoelde slagroom uit de koelkast en klop de room met de mixer lobbig tot stijf. Klop niet te lang want dan sla je de room tot boter.

Roer de afgekoelde chocolade door het ei-suikermengsel. Voeg de verbrokkelde geglaceerde kastanjes toe en spatel met luchtige slagen de stijfgeklopte room erdoor.

Schep de mousse in de met gebak beklede vorm. Rol de smalle reep biscuitdeeg op en leg hem erbovenop. Laat de compositie ten minste 3 uur in de koelkast opstijven.

Haal het gebak uit de vorm en leg het op een gebakschaal.

Breng de rest van de room aan de kook en giet hem over de resterende stukjes chocolade. Roer het mengsel glad en strijk het met een paletmes in een dikke laag over de rol gebak. Garneer met stukjes geglaceerde kastanje en een paar hele kastanjes.

Serveer het gebak in plakken. Erg lekker met crème anglaise.

Roer voor een extra subtiel smaakaccent een eetlepel oranjebloesemwater door de mousse.

Boomstam met peper-chocolade en zuidvruchten

300 ml slagroom, 10 g gerookte thee
100 g gedroogde vijgen, 100 g rozijnen
500 g chocolade met minstens 70% cacaobestanddelen, in stukjes
60 g boter, in blokjes
100 g gepelde hazelnoten, 200 g bastognekoek of iets vergelijkbaars
2 flinke mespunten szechuanpeperbessen
1 el cacaopoeder

Doe de slagroom in een kom en zet die 15 minuten in de vriezer (of 1 uur in een koude koelkast).

Zet een kom sterke thee.

Snijd de vijgen in kleine stukjes. Doe de vijgen en de rozijnen in de kop warme sterke thee. Laat ze wellen.

Smelt de chocolade 3 minuten in de magnetron. Roer, voeg de boter toe en zet het mengsel 2 minuten in de magnetron. Roer het mengsel glad.

Hak de noten grof en breek de koek in stukjes. Vermaal de peperbessen in een vijzel of plet ze met de onderkant van een pan.

Haal de kom met room uit de vriezer en klop de room met de mixer net niet helemaal stijf. Schep de room met luchtige slagen door de gesmolten chocolade. Schep de uitgelekte vijgen en rozijnen, de gehakte noten, de grof verkruimelde koek en de vermalen peper erdoor.

Leg een groot stuk huishoudfolie op het werkvlak. Schep het mengsel erop en vorm een strook van zo'n 20 cm lang. Wikkel die in de folie en rol hem tot een boomstam. Laat de boomstam 1 nacht in de koelkast opstijven.

Verwijder de huishoudfolie en bestuif de boomstam met cacao. Serveer de boomstam in plakken. Erg lekker met een lepeltje crème anglaise.

Wie van friszuur houdt, kan de rozijnen vervangen door cranberry's of stukjes gekonfijte gember.

Cakes

De van oorsprong Angelsaksische 'cake' is per definitie rechthoekig en niet rond, zoals de meeste 'echte' taarten. Toch is de hoekige cake er niet minder populair om. Integendeel! Waarschijnlijk is cake zo populair vanwege het schijnbare gemak waarmee hij wordt gemaakt. Hoewel ik vind dat een zoete cake veel moeilijker te maken is dan een hartig exemplaar.

Voor een hartige cake worden bijna altijd dezelfde basisingrediënten gebruikt. Aan het basisbeslag kan naar eigen smaak van alles worden toegevoegd. Wat er in huis is, kan erin.

Maar het beslag van een zoete cake varieert al naargelang de gekozen smaak: voor een vruchtencake moet het beslag droger zijn om het vocht van de vruchten op te nemen, en voor een cake waarin chocolade wordt verwerkt, moet het beslag juist smeuïger zijn. Zonder meer vet te gebruiken, kan dat op heel veel verschillende manieren: voeg kwark toe, of yoghurt, of geraspte groente (pastinaak is superlekker in combinatie met witte chocolade!) of stoom de cake gaar.

Mijn kruidkoek, die weinig vet en weinig suiker bevat, is een uitzondering, want die is ronduit droog. Eerlijk gezegd bak ik hem met opzet een beetje langer om de koek een beetje een kruimelige structuur te geven. Ik heb altijd een kruidkoek op voorraad, want bij kamertemperatuur is de koek makkelijk 3 maanden houdbaar. Ook mijn savanna-cake is het proberen waard. Voor mij staat deze marmercake garant voor de lekkerste smaak van de wereld, al dan niet met een lik nutella. Zonder een hoogst persoonlijke variatie op deze cake is een boek over chocolade gewoon niet compleet!

Supertips voor supercakes:

1) Volg altijd de aanwijzingen over de grootte van de bakvorm. Is de vorm te groot voor de hoeveelheid beslag, dan wordt de cake te plat of te gaar; is de vorm te klein – moet ik doorgaan?

2) In bakboeken wordt vaak aangeraden de 'bakvorm in te vetten en met bloem te bestuiven' voordat je het beslag in de vorm schept. Als het om chocolade gaat, bestuif ik de ingevette bakvorm liever met suiker, want bloem laat een lelijke witte zweem achter op de cake, terwijl fijne suiker juist zorgt voor een krokante afwerking. Wie bang is dat de smaak van de suiker gaat overheersen, kan voor de cake zelf wat minder suiker gebruiken.

3) Bij gebruik van een siliconen bakvorm is het belangrijk dat je de vorm eerst op het ovenrooster zet en daarna vult. Eenmaal vol is de bakvorm namelijk moeilijk te verplaatsen.

4) Bak cakes bij voorkeur op het ovenrooster en niet op een bakplaat; dan verbrandt de bodem niet. Vergeet niet de bakplaat uit de oven te halen. Dat is beter voor de luchtcirculatie.

5) Voor natte cake mag de oventemperatuur nooit hoger zijn dan 180 °C. Dat betekent een vrij lange baktijd, met als mogelijk gevolg dat de bovenkant te bruin wordt of verbrandt. Om aanbranden te voorkomen is het raadzaam de vorm na twee derde van de baktijd met een stuk aluminiumfolie af te dekken.

6) Cake blijft het langst vers (tot tien dagen) als hij in huishoudfolie wordt gewikkeld en in de koelkast (2-4 °C) wordt bewaard.

Mijn savanna-cake

100 g zachte boter + 10 g voor de vorm
220 g suiker
3 eieren, gesplitst
220 g bloem
1 zakje bakpoeder
100 ml melk
2 tl vanille-extract
60 g chocolade met minstens 70% cacaobestanddelen, geraspt of gehakt (keukenmachine)

Verwarm de oven voor op 150 °C.

Klop in een middelgrote kom de boter met de suiker met de mixer tot een licht en luchtig mengsel.

Voeg de eidooiers, de gezeefde bloem met het bakpoeder, de melk en het vanille-extract toe.

Meng alles goed.

Klop in een andere middelgrote kom de eiwitten met de mixer stijf. Spatel het stijfgeslagen eiwit voorzichtig door het botermengsel.

Vet de cakevorm in. Schep de helft van het beslag erin. Verdeel de chocolade over het beslag en schep de tweede helft van het beslag in de vorm.

Bak de cake 1 uur in de voorverwarmde oven. Haal de cake uit de oven, laat hem in de vorm op een rooster tot lauw afkoelen en stort hem op het rooster. Serveer de cake lauw of koud.

Voor 8 personen ■ Voorbereidingstijd 10 min ■ Baktijd 11 min

Black Cake in de magnetron

150 g bittere chocolade
125 g boter
125 g suiker
50 g bloem
2 el Malibu
3 eieren

Breek de chocolade in stukjes en snijd de boter in blokjes. Smelt de chocolade samen met de boter in een middelgrote pan op zeer laag vuur.

Haal de pan van het vuur als alles is gesmolten. Roer het mengsel glad. Voeg de suiker, de bloem, de Malibu en de hele eieren toe. Klop alles met een garde tot een homogeen mengsel.

Giet het beslag in een siliconen of Pyrex bakvorm en bak de cake twee keer 3 minuten in de magnetron op 750 watt. Laat de cake tussen de eerste en de tweede keer bakken 5 minuten rusten.

Serveer de cake lauw of koud.

Natte cake met chocolade en zuidvruchten

VOOR 6 PERSONEN ■ VOORBEREIDINGSTIJD 18 MIN ■ BAKTIJD 20 MIN

120 g chocolade met minstens 70% cacaobestanddelen
120 g zachte boter + 10 g voor de vorm
40 g amandelpoeder
90 g suiker
40 g walnoten
40 g gedroogde vijgen, in reepjes
(of andere zuidvruchten: vijgen, abrikozen, dadels)
4 eiwitten
1 snufje zout

Verwarm de oven voor op 200 °C.

Smelt de chocolade au bain-marie of in de magnetron. Roer de chocolade door de zachte boter.

Meng in een grote kom het amandelpoeder met de suiker. Roer eerst de chocolade en daarna de noten en de zuidvruchten erdoor.

Sla de eiwitten stijf met het snufje zout en spatel ze door het chocolademengsel.

Giet het beslag in een kleine, ingevette cakevorm. Bak de cake 15 minuten.

Laat de cake afkoelen en haal hem uit de vorm.

Cake met pastinaak en witte chocolade

130 g zachte boter + 10 g voor de vorm
130 g lichtbruine basterdsuiker
300 g pastinaak
100 g witte chocolade
1 onbespoten sinaasappel
100 g witte bloem + 2 g voor de vorm
100 g volkorenmeel
1 tl bakpoeder
1 snufje zout
1 tl kaneel
½ tl geraspte nootmuskaat

Verwarm de oven voor op 170 °C.

Klop in een middelgrote kom de boter en de suiker met de mixer tot een licht en luchtig mengsel.

Schil en hak (of rasp) de pastinaken.

Schrob de sinaasappel schoon en droog hem. Schil de sinaasappel (zonder het wit) en hak de schil in kleine stukjes. Pers de sinaasappel uit en doe de schil en het sap bij het boter-suikermengsel. Klop het mengsel met een garde door.

Meng in een grote kom de bloem, het volkorenmeel, het bakpoeder, het zout, de kaneel en de nootmuskaat.

Klop de droge ingrediënten in gedeelten met de garde door het sinaasappel-mengsel. Spatel de geraspte pastinaak door het beslag.

Schep het beslag, op een klein beetje na, in de ingevette en bestoven bakvorm.

Breek de chocolade in stukjes en steek ze verticaal in het beslag. Verdeel de rest van het beslag over de stukjes chocolade en bak de cake 50 minuten in de voorverwarmde oven.

Haal de cake uit de oven, laat hem op een rooster tot halfwarm afkoelen en haal hem uit de vorm.

Serveer hem lauw of koud.

Vervang de pastinaak uit dit recept eventueel door 3 geprakte bananen.

Voor 12 plakken ■ Voorbereidingstijd 15 min ■ Baktijd 45 min

Creamcheese cake

100 g zachte boter + 10 g voor de vorm
100 g suiker
200 g verse roomkaas of Saint-Môret
3 eieren
1 tl vanille-extract
150 g chocolade met minstens 70% cacaobestanddelen
150 g bloem
½ zakje bakpoeder
2 el cacaopoeder
100 g chocolade met minstens 55% cacaobestanddelen

Verwarm de oven voor op 160 °C.

Klop in een middelgrote kom de boter en de suiker met de mixer tot een licht en luchtig mengsel.

Voeg de roomkaas toe en daarna de eieren en het vanille-extract. Roer na elke nieuwe toevoeging het mengsel goed door.

Breek de chocolade met minstens 70% cacaobestanddelen in stukjes. Smelt de chocolade op heel laag vuur of au bain-marie. Verwarm de chocolade onder voortdurend roeren totdat alles is gesmolten. Neem de pan van het vuur.

Meng in een middelgrote kom de bloem met het bakpoeder.

Giet de gesmolten chocolade bij het roomkaasmengsel. Roer het mengsel glad en spatel onder voortdurend roeren beetje bij beetje de bloem erdoor.

Vet de bakvorm in en bestuif de vorm met cacao.

Doe het beslag in de cakevorm. Breek de resterende chocolade in stukjes en steek die in het beslag.

Bak de cake 45 minuten.

Haal de cake uit de oven en laat hem op een rooster afkoelen. Haal de cake uit de vorm en snijd hem in plakken.

Deze cake blijft licht en smeuïg dankzij de toevoeging van roomkaas en de lange baktijd bij lage temperatuur. Nadat de cake is afgekoeld, zorgen de stukjes chocolade in de cake voor een knapperige bite.

PERSONEN ■ VOORBEREIDINGSTIJD 40 MIN ■ BAKTIJD 50 MIN

Kruidcake met chocolade

120 g pure chocolade met minstens 70% cacaobestanddelen, in stukjes
100 g boter + 15 g voor de vorm, in blokjes
130 g honing
100 ml olie
375 g volkorenmeel
2 tl bakpoeder
1 tl zout
2 mespuntjes geraspte nootmuskaat
1 el kaneel
1 tl gemberpoeder
1 el anijszaadjes
2 eieren
80 g bruine basterdsuiker
150 ml crème fraîche

Verwarm de oven voor op 160 °C.

Vet een cakevorm in van ongeveer 24 cm doorsnee.

Breek de chocolade in stukjes en smelt die op heel laag vuur of au bain-marie. Verwarm de chocolade onder voortdurend roeren totdat alles is gesmolten. Voeg de boter, de honing en de olie toe. Roer deze ingrediënten door de gesmolten chocolade tot een homogene massa is ontstaan. Haal de pan van het vuur voordat de massa aan de kook raakt.

Meng het volkorenmeel met het bakpoeder, het zout en de specerijen.

Klop de eieren los met de bastersuiker.

Maak een kuiltje in het bloemmengsel en schep daar de crème fraîche in. Roer alles met een houten lepel tot een dik deeg ontstaat.

Voeg het chocolademengsel toe. Roer alles tot een glad en homogeen beslag. Schep het beslag in de cakevorm.

Bak de cake 50 minuten in de voorverwarmde oven.

Laat de cake op een rooster afkoelen en haal de cake uit de vorm.

Wikkel de cake in huishoudfolie en bewaar hem bij kamertemperatuur.

VOOR 6 PERSONEN ■ VOORBEREIDINGSTIJD 10 MIN ■ BAKTIJD 1 UUR EN 20 MIN

Een stoomcake is superlicht en sponzig, terwijl hij nauwelijks vet bevat. Gebruik een porseleinen of een siliconen bakvorm, een glazen schaal of een vorm van tupperware, maar vooral niet van aluminium.

Sponge cake

150 g chocolade met minstens 55-70% cacaobestanddelen, in stukjes
100 ml halfvolle melk
1 tl koffie-extract (of een kleine kopje heel sterke koffie)
75 g basterdsuiker
75 g zachte boter + 10 g voor de vorm
2 grote eieren
120 g bloem
1 tl bakpoeder
20 g amandel- of hazelnootpoeder
1 snufje zout

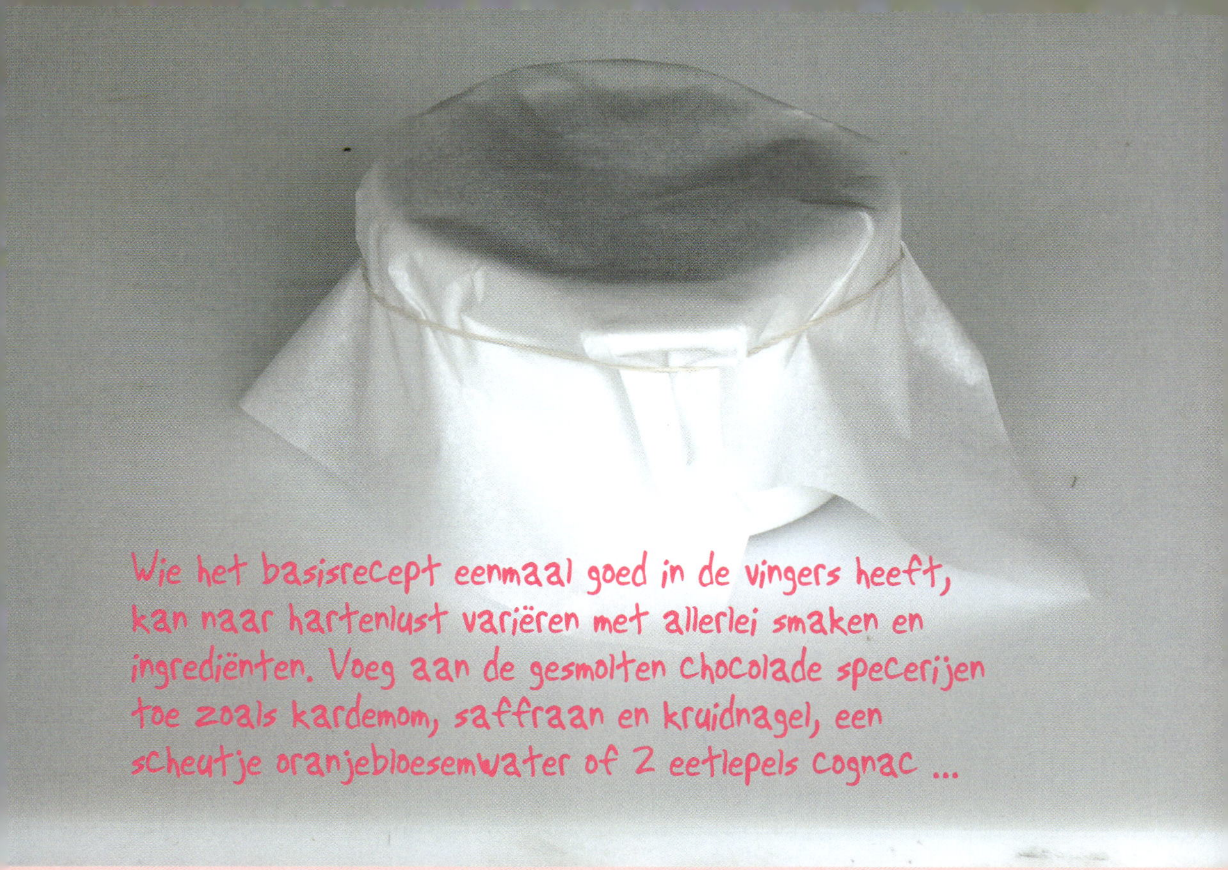

Wie het basisrecept eenmaal goed in de vingers heeft, kan naar hartenlust variëren met allerlei smaken en ingrediënten. Voeg aan de gesmolten chocolade specerijen toe zoals kardemom, saffraan en kruidnagel, een scheutje oranjebloesemwater of 2 eetlepels cognac ...

Vet een ronde vorm in van 15-17 cm doorsnee.

Smelt de chocolade met de melk en het koffie-extract au bain-marie of anderhalve minuut in de magnetron op 750 watt. Roer het mengsel en zet het weg.

Klop in een grote kom de basterdsuiker door de zachte boter. Voeg een voor een de eieren toe. Roer alles na elk ei goed door en voeg beetje bij beetje de bloem, het bakpoeder en het amandel- of hazelnootpoeder toe. Roer met een vork. Voeg het snufje zout toe. Doe het chocolade-melkmengsel erbij en roer alles tot een glad beslag.

Breng in een stoompan een beetje water aan de kook.

Doe het beslag in de cakevorm. Dek de vorm af met bakpapier. Houd het bakpapier met een elastiekje op zijn plaats. Zet de vorm in het mandje van de stoompan. Leg het deksel op de pan en stoom de cake 1 uur en 20 minuten. Controleer tijdens het stomen regelmatig of er nog voldoende water in de pan zit. Verwijder het bakpapier en laat de cake 10 minuten afkoelen. Stort hem op een schaal.

Garneer de cake met chocoladeglazuur of bestuif hem met poedersuiker.

Charlottes

Het grote voordeel van een charlotte is dat je aan dit dessert bijna niets meer hoeft te doen als je het wilt serveren. Storten, garneren ... en opdienen. Er kan helemaal niets meer misgaan. En dat succes heeft vaak niets te maken met de kwaliteit van het dessert zelf. Ik ben de laatste die zal beweren dat je net zo'n ervaren patissier moet zijn als Pierre Hermé, de Parijse halfgod onder de chocolatiers, om een echte charlotte te maken. Een charlotte is vooral een traditioneel dessert waar een sfeer van nostalgie omheen hangt.

De charlotte van Lili heb ik genoemd naar mijn vriendin Elizabeth, die beweert dat mijn charlotte bijna net zo lekker is als die van haar oma. Een groter compliment kan ik niet krijgen, vandaar dat ik deze charlotte regelmatig maak. Voor iemand als ik, die graag culinaire ontdekkingen doet, mag dat een wonder heten.

Het geheim van deze charlotte is dat er geen eidooier in wordt verwerkt. Vanwege de onvermijdelijke hoeveelheid boter zou de mousse daardoor te zwaar worden.

Supertips voor een supercharlotte:

1) Gebruik alleen de beste kwaliteit lepelbiscuit of lange vingers, bijvoorbeeld savoiardi, die in de meeste supermarkten te koop zijn. De biscuits mogen niet te droog en niet te zoet zijn.

2) De laag biscuit mag niet te dik zijn. Snijd dikke biscuitvingers zo nodig in de lengte doormidden.

3) Snijd een punt aan de biscuits waarmee je de bodem belegt, zodat je ze als een ster in elkaar kunt steken. Verwerk de afgesneden stukjes later in de charlotte of in een trifle.

4) De biscuits mogen niet al te veel in vloeistof worden gedrenkt: ze moeten er zo kort door worden gehaald dat de kern droog blijft. Daardoor blijft de charlotte lichter en ontstaat een verrassend contrast tussen de mousse en de knapperige koek.

5) Een charlotte is meestal makkelijk te storten, omdat de koek niet aan de vorm hecht. Maar voor de veiligheid is het raadzaam de vorm met olie in te vetten en met een stukje huishoudfolie te bekleden.

6) Laat een charlotte altijd minstens een nacht op een koele plaats rusten om op te stijven.

Chocoladecharlotte van Lili

350 g chocolade met minstens 55% cacaobestanddelen
130 g boter + 40 g voor de ganache en 10 g voor de vorm
1 kop heel sterke koffie, 3 el rum
6 eiwitten, 80 g suiker, 2 zakjes vanillesuiker
50 g chocolade met minstens 70% cacaobestanddelen
300 g lange vingers

Breek 250 g chocolade met minstens 55% cacaobestanddelen in stukjes en smelt die op heel laag vuur of au bain-marie. Verwarm de chocolade onder voortdurend roeren totdat alles is gesmolten. Voeg de in blokjes gesneden boter toe, roer, haal de pan van het vuur en laat afkoelen.

Zet koffie. Schenk de koffie in een diep bord en doe de rum erbij. Roer en zet weg.

Klop met de mixer de eiwitten stijf. Voeg de suiker en de vanillesuiker toe als het eiwit stijve pieken vormt. Spatel het eiwit met luchtige slagen door het chocolade-botermengsel.

Hak de chocolade met 70% cacaobestanddelen fijn en schep de flinters door de mousse.

Vet de charlottevorm in met boter. Drenk bijna alle lange vingers in het koffie-rummengsel. Bekleed de bodem en de wanden van de vorm ermee.

Giet de mousse op de lange vingers en bedek de mousse met in het koffie-rummengsel gedrenkte lange vingers. Dek de vorm af met huishoudfolie en zet de charlotte 12 uur in de koelkast.

Maak kort voor het opdienen de ganache. Smelt 100 g gesmolten chocolade met minstens 55% cacaobestanddelen en 40 g boter op heel laag vuur. Roer het mengsel met een spatel glad en haal de pan van het vuur.

Stort de charlotte op een bord en giet de ganache erover. Strijk de ganache met een spatel glad. Serveer de charlotte meteen.

Tip: in een traditionele charlotte worden de eieren in hun geheel verwerkt. Ik heb ontdekt dat de mousse met alleen eiwit luchtiger wordt terwijl hij even fluwelig blijft als hij was. En zo kwam ik tot dit recept. Het voordeel is dat ook mensen met een verhoogd cholesterolgehalte van deze charlotte kunnen eten.

Voor 4 personen ■ Voorbereidingstijd 30 min ■ Baktijd 1 uur en 30 min

Vermicelli-charlotte

700 ml volle melk, 80 g vermicelli,
80 g fijne tafelsuiker, 400 g ricotta,
100 g sinaasappelschilletjes, 1 el cacaopoeder,
$^1/_2$ tl kaneel, 3 el oranjebloesemwater
6 eieren, 150 g pure chocolade, 1 snufje zout, 10 g boter voor de vorm
3 el Cointreau of Grand Marnier, 150 g lange vingers,
100 ml slagroom

Verwarm de oven voor op 160 °C.

Breng in een grote pan 600 ml melk aan de kook. Voeg de vermicelli en 50 g suiker toe. Meng met een garde en laat het geheel 20 minuten zachtjes koken. Klop af en toe met de garde. Draai het vuur uit, klop een laatste keer en laat afkoelen.

Klop de ricotta los met de rest van de suiker en voeg hem toe aan het vermicelli-mengsel. Meng. Doe de grof gehakte sinaasappelschilletjes, de cacao, kaneel en het oranjebloesemwater erbij. Roer opnieuw.

Splits de eieren en voeg de eidooiers een voor een toe aan het ricottamengsel. Hak 50 g chocolade in stukjes en roer ook die door het mengsel.

Klop de eiwitten met het snufje zout met de mixer stijf.

Spatel het eiwit met luchtige slagen door het ricottamengsel.

Vet de charlottevorm in met boter.

Meng de Cointreau met 100 ml water. Drenk de lange vingers kort in de Cointreau. Bekleed de bodem en de wanden van de vorm met de in Cointreau gedrenkte lange vingers.

Schenk het ricottamengsel in de charlottevorm. Zet de vorm in de oven. Bak de charlotte 1 uur.

Laat de charlotte op een rooster afkoelen.

Maak kort voor het opdienen een ganache. Breng de slagroom met 100 ml melk aan de kook. Breek de resterende chocolade in stukjes. Haal de pan van het vuur en doe de chocolade bij de room. Roer het mengsel glad en zet het opzij.

Stort de charlotte op een bord.

Garneer met de ganache en serveer meteen.

Cookies

Een hoofdstuk over cookies kan onmogelijk volledig zijn. Net als de brownies zijn de cookies vanuit Amerika naar ons overgewaaid. Zo ingeburgerd als ze nu zijn, zullen ze altijd blijven.

Alleen het noemen van de zacht-krokante koekjes is vaak al genoeg om een grote glimlach op een schare kindergezichtjes te toveren. Samen koekjes bakken is volgens mij de beste manier om kinderen een hele woensdagmiddag in opperste concentratie bezig te houden, vooral omdat in tegenstelling tot taarten de precieze hoeveelheden van de ingrediënten er niet zo toedoen.

Ietsje meer of minder boter, chocolade of suiker maakt nauwelijks verschil. Grote kans dus dat je een paar verrassende ontdekkingen doet!

Supertips voor supercookies:

1) Voeg voor knisperig krokante koekjes een beetje extra boter toe en bak ze 1 of 2 minuten langer.

2) Voeg voor smeuïge koekjes ei toe.

3) Voeg voor kleverige koekjes (ja, echt, er zijn mensen die dat lekker vinden) – 'chewy' zeggen de Amerikanen – een wat grotere hoeveelheid grof gehakte chocolade toe.

4) Wie graag allemaal even grote koekjes bakt, rolt van het deeg een worst, wikkelt die in huishoudfolie en laat hem een nacht in de koelkast rusten. Snijd de deegrol de volgende dag in plakjes en leg die op regelmatige afstand van elkaar op de bakplaat.

5) Wil je de deegrol langer bewaren, leg hem dan in de vriezer.

6) Bak de koekjes op de bakplaat zelf of bekleed de plaat met bak- of siliconenpapier.

7) Haal de koekjes 2-3 minuten nadat ze uit de oven zijn gekomen los met een spatel en laat ze afkoelen op een rooster, zodat ze aan alle kanten kunnen uitwasemen.

8) Bewaar ze in een metalen trommel en eet ze binnen drie dagen op. Zijn ze toch nog niet allemaal op? In een luchtdicht afgesloten plastic zak blijven ze langer vers.

Voor 15 cookies ■ Voorbereidingstijd 10 min ■ Baktijd 10 min ■ Koeltijd 1 uur

Cookies met witte chocolade en pijnboompitten

200 g witte chocolade
4 el pijnboompitten
140 g zachte boter
140 g rietsuiker
2 middelgrote eieren
geraspte schil van 1 citroen
180 g bloem
1 snufje zout

Hak de chocolade grof.

Rooster de pijnboompitten in een droge koekenpan met antiaanbaklaag.

Klop de boter en de suiker met de mixer in een middelgrote kom tot een licht en luchtig mengsel.

Voeg de losgeklopte eieren, de citroenrasp, de gezeefde bloem, het zout, de gehakte chocolade en als laatste de pijnboompitten toe. Meng. Dek het deeg af en leg het 1 uur in de vriezer.

Verwarm de oven voor op 180 °C.

Bekleed een bakplaat met bakpapier.

Haal het deeg uit de vriezer en rol er balletjes van. Leg de balletjes met voldoende tussenruimte op de bakplaat en duw ze met de palm van je hand een beetje plat.

Bak ze 10 minuten.

Haal ze uit de oven en laat ze op een rooster afkoelen.

Balletjes rollen is geen must. Je kunt van het koude deeg ook een worst vormen en die in plakjes snijden.

Voor 10 cookies ■ Voorbereidingstijd 10 min ■ Baktijd 12 min

Crispy cookies met chocolade

75 g gepelde walnoten
100 g chocolade met minstens 60% cacaobestanddelen of een mix van pure en witte chocolade
125 g zachte boter
150 g bruine suiker
1 tl vanille-extract
1 groot ei
125 g bloem
1/2 tl zout
1/2 el bakpoeder

Verwarm de oven voor op 180 °C.

Hak de walnoten en de chocolade.

Klop de boter en de suiker met de mixer in een middelgrote kom tot een licht en luchtig mengsel. Voeg onder voortdurend kloppen het vanille-extract en het ei toe.

Doe de bloem, het zout en het bakpoeder bij het botermengsel. Spatel alles door elkaar.

Doe tot slot de walnoten en de chocolade bij het deeg.

Schep met 2 theelepels bergjes deeg op een met bakpapier beklede bakplaat. Zorg voor voldoende tussenruimte. Maak met een vork elk cookie een beetje plat.

Bak de cookies 12 minuten.

Haal de bakplaat uit de oven en laat de cookies op een rooster afkoelen.

Laat koekjes altijd op een rooster afkoelen. Op een rooster worden ze rondom aan de lucht blootgesteld en kunnen ze aan alle kanten afkoelen. Condensvorming is op een rooster onmogelijk en dus blijven de cookies ook aan de onderkant knapperig.

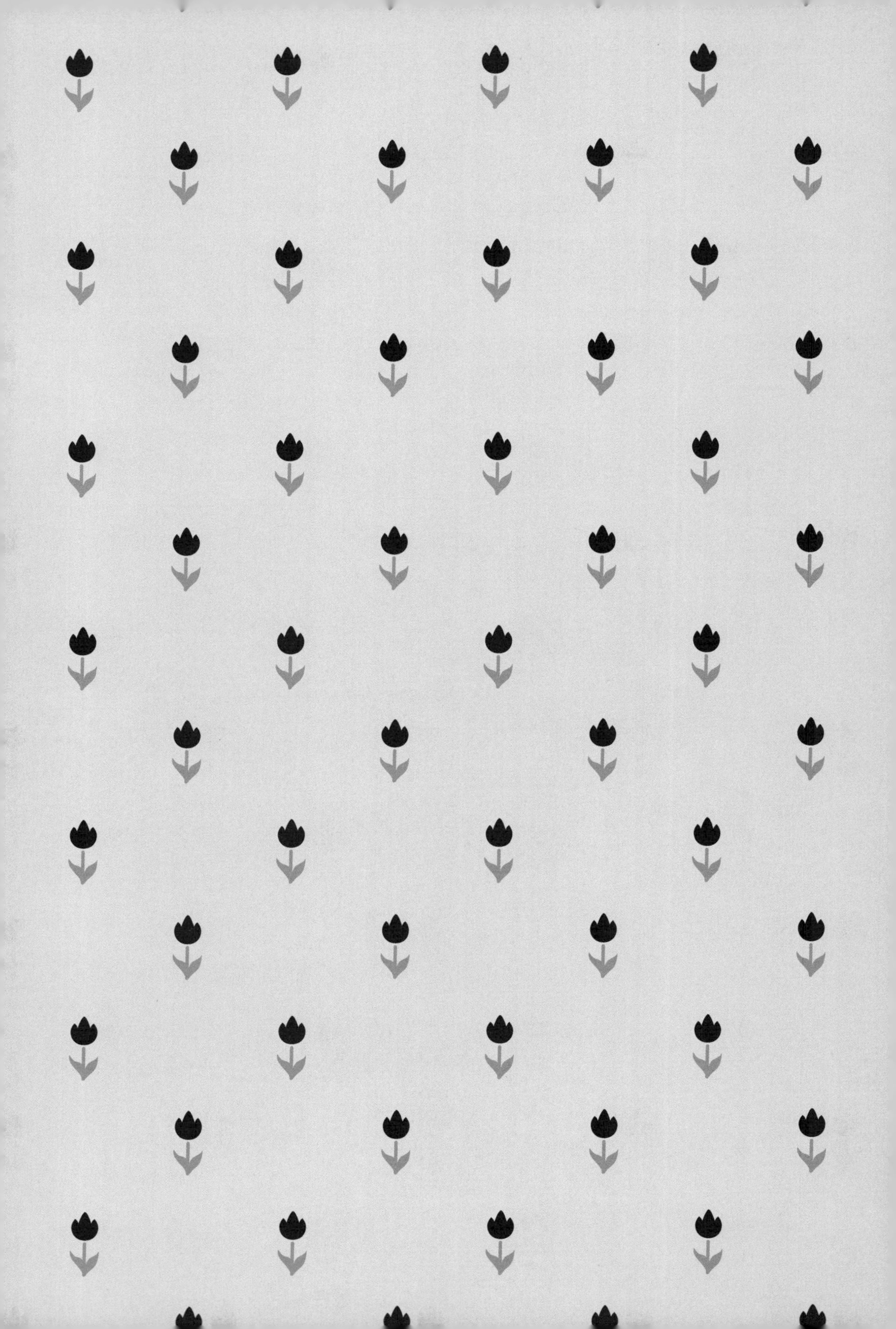

Coulants

Heb ik niet al genoeg geschreven over *coulants* en ander gebak met een kern van vloeibare chocolade? Er is geen boek waarin ik me niet vol lof uitlaat over de bedenker ervan, de met drie sterren bekroonde Michel Bras uit het dorpje Laguiole, de bakermat van dit sindsdien internationaal beroemde dessert.

Er zijn maar weinig 20e-eeuwse desserts die zo'n overweldigend succes werden. Maar wie, afgezien van een paar ingewijden, weet eigenlijk dat we dit nagerecht aan deze geniale chef-kok danken? Wat geleerden op het gebied van de gastronomie er ook van denken en zeggen, dit typeert nu precies wat de kookkunst zo verheven maakt: in de wereld van de culinaria wordt niet gespeculeerd. Er worden onophoudelijk nieuwe dingen bedacht. Wat er al is, inspireert tot nieuwe culicreaties en alles wat uit de creatieve geesten ontspruit, is van niemand. Zo is het nu eenmaal. Maar dat neemt niet weg dat bewondering op haar plaats is voor degene die tien jaar heeft gewacht om het resultaat van al zijn geëxperimenteer op de menukaart te zetten. Pas na tien jaar vond hij zijn coulant waardig genoeg om over onze borden uit te laten stromen!

Het oorspronkelijke recept vereist veel ervaring en handigheid. Daarom heb ik in dit boek alleen vereenvoudigde versies opgenomen. Het idee van een knapperige buitenkant en een vloeibare binnenkant heb ik verder uitgewerkt voor de pastilla en de mini-madeleines. Gewoon, omdat er geen lekkerder dessert bestaat dan een dessert waaruit vloeibare chocolade over je bordje loopt!

Supertips voor supercoulants:

1) Zorg ervoor dat de oven ruim van tevoren op temperatuur is, want de cakejes moeten letterlijk door de warmte bevangen worden.

2) Zet de baksels op een bakplaat en niet op een rooster – dan weet je zeker dat de bodem voldoende bakt en de cakejes makkelijk loslaten uit de vorm.

3) Maak een proefje in een klein schaaltje of soufflévormpje, want de oventemperatuur en de baktijd luisteren heel nauw. De baktijd varieert altijd van 6 tot 10 minuten en de temperatuur van 210 °C tot 240 °C.

4) Wie beslag overhoudt, heeft kleinere soufflévormpjes gebruikt dan ik. Verkort in dat geval de baktijd en verhoog de oventemperatuur een beetje. Wie te weinig beslag heeft, mag de cakejes beslist niet bakken. Ze worden te plat en zullen hoe dan ook vanbinnen niet vloeibaar zijn. Maak in dat geval beslag bij en bak ze 1 of 2 minuten langer.

5) Laat de cakejes na het bakken 5 minuten afkoelen tot lauw en haal ze voorzichtig uit de vorm. De handigste manier om ze te storten is door de vormpjes aan de onderkant in een schone theedoek te nemen en het cakeje met de vingers van de wanden los te maken terwijl je het vormpje heen en weer beweegt. Zodra het cakeje loslaat, stort je het op een bordje, waarna je het op een dessertbordje keert om te serveren.

6) Omdat in het beslag geen geslagen eiwit noch room is verwerkt, blijft het in de koelkast een paar uur goed. Om niet te veel op het allerlaatste moment te hoeven doen, kun je het beslag alvast over de vormpjes verdelen en die afgedekt met huishoudfolie in de koelkast bewaren. Alleen nog even bakken en ... klaar!

7) Wie al een beetje ervaring heeft, kan het zichzelf extra makkelijk maken. Bak de coulants, laat ze afkoelen, zet ze koel weg en verwarm ze voor het opdienen 10 seconden in de magnetron. Dé manier om de kern weer vloeibaar te maken zonder dat de cakejes opnieuw hoeven te worden gebakken.

VOOR 4 PERSONEN ■ VOORBEREIDINGSTIJD 10 MIN ■ BAKTIJD 6 MIN

Chocoladecoulants van Max

120 g boter + 10 g voor de vormpjes
100 g suiker + 20 g voor de vormpjes
160 g pure chocolade met minstens 70% cacaobestanddelen
4 eieren
40 g bloem

Verwarm de oven voor op 220 °C.

Vet 4 soufflévormpjes (Ø 8-10 cm) in met boter en bestuif ze met suiker.

Breek de chocolade in stukjes en snijd de boter in blokjes. Smelt de chocolade en de boter in een middelgrote pan op heel laag vuur of au bain-marie. Roer de boter zodra die begint te smelten met een spatel voorzichtig door de chocolade. Blijf roeren tot een glad mengsel is ontstaan.

Klop de eieren los met de suiker en roer het suiker-eimengsel door het boter-chocolademengsel.

Zeef de bloem en schep die door het chocolademengsel.

Giet het chocolademengsel in de vormpjes en bak ze 6 minuten in de voorverwarmde oven.

Laat de coulants afkoelen en haal ze uit de vormpjes. Serveer ze warm met een bolletje ijs.

Ik heb dit recept gekregen van de chef-kok van het privéhuis van Christine en Michel Guérard, in Les Landes (Zuidwest-Frankrijk), waar soms een paar gasten kunnen logeren. Ver van de bewoonde wereld aan zee, een voorbeeldig eenvoudige keuken!

MAX

VOOR 4 PERSONEN ■ VOORBEREIDINGSTIJD 10 MIN ■ BAKTIJD 8 MIN

Coulants au café

200 g chocolade met minstens 70% cacaobestanddelen, in stukjes
100 ml sterke koffie
150 g boter, in blokjes
60 g suiker
40 g bloem
4 eieren
1 snufje zout
notenolie

Verwarm de oven voor op 220 °C.

Doe de chocolade in een middelgrote kom. Zet koffie en giet de gloeiend hete koffie op de chocolade. Laat de chocolade smelten. Voeg de boter en de suiker toe. Roer met een garde.

Zeef de bloem boven het chocolademengsel. Voeg een voor een de eieren toe en klop het mengsel na elke toevoeging goed door. Voeg het snufje zout toe en roer voor de laatste keer.

Vet soufflévormpjes in met de notenolie en verdeel het chocolademengsel over de schaaltjes.

Bak de coulants 8 minuten.

Laat ze op een rooster afkoelen tot lauw en haal ze uit de vormpjes.

Voor 9 madeleines ■ Voorbereidingstijd 15 min ■ Baktijd 8 min

Madeleines met een hart van zachte chocolade

50 g gesmolten boter
2 eieren
40 g suiker
1 zakje vanillesuiker
30 g bloem
1 afgestreken tl bakpoeder
20 g amandelpoeder
2 volle el cacaopoeder
9 vierkante stukjes van 5 g pralinechocolade

Verwarm de oven voor op 180 °C.

Smelt de boter op laag vuur. Haal de pan van het vuur en laat de boter afkoelen.

Klop in een middelgrote kom met een vork de eieren los met de suiker en de vanillesuiker.

Meng de bloem met het bakpoeder en zeef het droge mengsel onder voortdurend roeren boven het ei-suikermengsel.

Doe het amandelpoeder, de gesmolten boter en de cacao erbij. Meng alles tot een homogene massa.

Verdeel het grootste deel van het deeg over de holtes van een muffinvorm. Steek midden in elk madeleine een stukje chocolade. Dek de chocolade af met het resterende deeg.

Bak de madeleines 8 minuten.

Haal de bakvorm uit de oven en laat de madeleines 3 minuten in de vorm op een rooster afkoelen. Haal ze uit de vorm.

Serveer de madeleines lauw, terwijl de chocolade nog vloeibaar is. Maar ook koud zijn ze heel erg lekker!

Bewaar de madeleines in een luchtdicht afgesloten plastic zak.

Voor 4 personen ■ Voorbereidingstijd 10 min ■ Baktijd 20 min

Pastilla met saffraanchocolade

Verwarm de oven voor op 180 °C.

Smelt de boter. Haal de vellen brickdeeg los en vet ze met je vingertoppen of met een kwastje in met de gesmolten boter.

Leg de vellen op een stapeltje, keer het stapeltje om en verdeel de truffels over het midden. Leg ze naast elkaar en niet op elkaar. Bestrooi met saffraan.

Sluit 2 vellen deeg zodanig dat een vierkant ontstaat.

Keer het pakketje om en sla de andere vellen er overheen. Het vierkant is nu aan alle kanten dicht en de truffels zijn goed ingepakt.

Leg de pastilla in een met olie ingevette ovenschaal en zet die in de voorverwarmde oven.

Bak de pastilla 20 minuten en keer hem halverwege de baktijd om.

Presenteer de pastilla op een mooi bord met de gladde kant boven. Garneer met een laagje poedersuiker en kaneel.

Dien hem goed warm op.

De truffels moeten gelijkmatig smelten. Gebruik daarom roomtruffels in plaats van truffels op basis van margarine.

30 g gesmolten boter
4 vellen brickdeeg
150 g chocoladetruffels
1 mespunt saffraanpoeder
olie voor de ovenschaal
poedersuiker
kaneel

Crème brûlée en roomtoetjes

Net als de charlotte zijn roompuddinkjes en crème brûlée met chocolade onfeilbare terug-in-de-tijdmachines. Er zijn mensen die net als mijn neef Marc alle mogelijke puddinkjes uittesten in de hoop ooit een keer ergens hét puddinkje van hun dromen te vinden, met andere woorden: het puddinkje dat net zo lekker is als dat van hun oma! Anderen doen niets, maar klagen onophoudelijk over de slechte kwaliteit van de hedendaagse puddinkjes. Ze weigeren zelfs er een te proeven.

Tot de laatste en derde groep mensen behoor ik. Mensen die onverstoorbaar alle recepten blijven uitproberen, van het kleinste potje pudding waarin je lepel rechtop blijft staan tot de zachtste chocoladeroom compleet met een laagje schuimig eiwit. En weet je waarom zij geen complex oplopen? Omdat zij groot geworden zijn met de toetjes van Mona en Danone!

Supertips voor super crème brûlées en roomtoetjes:

1) Zorg dat er altijd 3 reservepakjes slagroom in de koelkast staan.

2) Is er geen melk in huis, meng dan 1/2 deel halfvolle room en 1/2 deel water of 1/3 deel volle room (30% vet) en 2/3 deel water.

3) Roer warme roompudding tijdens het afkoelen regelmatig door om te voorkomen dat er een vel op komt (behalve bij crème brûlée natuurlijk).

4) Zet warme roompudding nooit in de koelkast, ook al heb je nog zo'n haast. Door het grote temperatuurverschil krijgen bacteriën vrij spel en kan de pudding teruglopen. Bovendien kan door de warmte die de pudding verspreidt de temperatuur in de koelkast oplopen, met alle gevolgen van dien.

VOOR 6-8 PERSONEN ■ VOORBEREIDINGSTIJD 15 MIN ■ BAKTIJD 1 UUR ■ KOELTIJD 12 UUR

Custardtaart

500 ml melk
170 g fijne tafelsuiker
5 eieren
60 g custard
250 g chocolade met minstens 70% cacaobestanddelen, in stukjes
10 g boter voor de vorm
210 g deeg*

Hak de chocolade fijn.

Breng 500 ml water met de melk en 70 g suiker aan de kook.

Meng in een kom de eieren met de rest van de suiker en de custard.

Schep met een soeplepel de kokende melk in de kom. Klop krachtig en doe de chocolade erbij. Roer goed en giet het mengsel terug in de pan. Breng het chocolademengsel aan de kook en laat het onder voortdurend roeren 5 minuten koken.

Giet het mengsel in een schone kom en laat het onder voortdurend roeren helemaal afkoelen. Dek de kom af met huishoudfolie en zet hem een nacht in de koelkast.

De volgende dag: verwarm de oven voor op 180 °C.

Vet een springvorm van 24 cm doorsnee in of bekleed hem met bakpapier.

Bekleed de vorm met het deeg. Verdeel de chocoladecrème over de deegbodem. Bak de taart 1 uur in de voorverwarmde oven.

Haal de taart uit de oven, laat hem op een rooster afkoelen en bewaar hem tot gebruik in de koelkast. Serveer hem goed koud.

* Maak deeg door 150 g gezeefde bloem, een snufje zout, 5 tl poedersuiker en 60 g koude boter in blokjes tot een kruimelig deeg te mengen. Voeg 1 ei en een beetje water toe en kneed tot je een soepel deeg hebt. Rol het uit tot een plak die een paar centimeter groter is dan de vorm. Snijd overtollig deeg weg.

Voor 6 personen ■ Voorbereidingstijd 35 min ■ Baktijd 1 uur en 15 min

Crème caramel van melkchocolade

90 g suiker
een paar druppels citroensap
1 l volle (of halfvolle) melk
1 tonkaboon of 1 kaneelstokje of 1 vanillestokje
6 eieren
170 g melkchocolade, in stukjes

Verwarm de oven voor op 160 °C.

Laat voor de karamel 60 g suiker smelten in een eetlepel water en een paar druppels citroensap. Roer niet. Verdeel de goudbruine karamel over de wanden van een charlottevorm met een doorsnee van circa 17 cm. Doe het snel, want de karamel wordt snel dik en dus stijf en onhandelbaar als hij afkoelt.

Breng de melk aan de kook met specerijen naar eigen keus. Wordt het vanille, splijt het stokje dan in de lengte.

Klop de eieren met de resterende suiker in een grote kom schuimig.

Haal de pan met melk van het vuur en doe de chocolade erbij. Roer en zet de pan terug op het vuur. Laat het mengsel onder voortdurend roeren 3 minuten koken.

Giet het chocolademengsel al roerend bij het suiker-eimengsel. Leg eventueel een dubbelgevouwen theedoek onder de schaal met het suiker-eimengsel, zodat de kom niet weg kan glijden. Giet het chocolade-eimengsel in de met een laagje karamel bedekte charlottevorm.

Zet de vorm in een grotere, met zeer heet water gevulde vorm. Maar pas op, het water mag niet koken. Zorg dat het water even hoog staat als de room in de charlottevorm.

Bak de crème caramel 1 uur in de voorverwarmde oven.

Laat de crème caramel afkoelen op een rooster. Dek hem af met huishoudfolie en zet hem in de koelkast. Serveer de crème bij voorkeur de volgende dag.

Vervang het water en het citroensap voor de karamel eens door 3 eetlepels passievruchtensap. Dat geeft een verrassend frisse smaaksensatie!

Voor 6 potjes ■ Voorbereidingstijd 10 min ■ Baktijd 1 uur ■ Koeltijd 3 uur

Chocoladecrème

500 ml volle of halfvolle melk
100 g chocolade
1 ei + 5 eidooiers
100 g fijne tafelsuiker

Verwarm de oven voor op 100 °C.

Breng de melk in een pan aan de kook.

Breek ondertussen de chocolade in kleine stukjes.

Haal de pan van het vuur. Doe de stukjes chocolade in de melk en laat ze ongeveer 1 minuut smelten. Roer goed.

Klop in een grote kom het hele ei en de 5 eidooiers met een garde los.

Voeg de suiker toe en roer alles nog eens door. Giet er in een dun straaltje de chocolademelk bij. Blijf roeren.

Vul 6 pudding- of soufflévormpjes met het mengsel.

Zet ze in de voorverwarmde oven en bak ze 1 uur au bain-marie (in een bak met water).

De puddinkjes zijn klaar als ze een beetje drillen. Laat ze op een rooster afkoelen. Dek ze elk apart af met huishoudfolie en zet ze minstens 3 uur in de koelkast.

Laat de crème kort voor het serveren op kamertemperatuur komen.

Voor 6 kopjes of glaasjes ■ Voorbereidingstijd 25 min ■ Baktijd 5-7 min ■ Koeltijd 3 uur

Panna cotta met vanillechocolade

2 blaadjes gelatine
100 g chocolade met minstens 70% cacaobestanddelen
600 ml slagroom
1 snufje fleur de sel
1 grote el suiker
1 scheutje vanille-extract of 1 vanillestokje
(gespleten en leeggeschraapt)
geraspte schil van 1 onbespoten citroen
1 el amaretto

Leg 1 blaadje gelatine in een kommetje koud water.

Breek de chocolade in stukjes.

Verwarm de helft van de slagroom in een klein pannetje.

Breng de room tegen de kook aan en haal de pan van het vuur. Knijp het blaadje gelatine uit en doe het bij de warme room. Roer de gelatine en de room tot een glad mengsel. Voeg de chocolade en de fleur de sel toe. Meng alles tot een glad mengsel en schenk het door een zeef in zes kopjes of glaasjes.

Laat afkoelen. Dek elk kopje of glaasje af met huishoudfolie en zet ze in de koelkast.

Leg ten minste 1 uur later het tweede blaadje gelatine in een kommetje koud water.

Verwarm de rest van de room met de suiker, de vanille en de citroenrasp in een pannetje. Breng de room tegen de kook aan en haal de pan van het vuur. Knijp het blaadje gelatine uit en doe het met de amaretto bij de warme room. Roer alles tot een glad mengsel en laat het afkoelen.

Haal de kopjes of glaasjes uit de koelkast en schenk de room door een zeef op de afgekoelde chocoladeroompuddinkjes. Dek de kopjes of glaasjes weer af met huishoudfolie en laat ze minstens anderhalf uur in de koelkast opstijven.

Serveer de puddinkjes koud.

Gebruik een kom met een schenktuit om de crème in de glaasjes of kopjes te gieten. Dat schenkt veel makkelijker dan rechtstreeks uit de pan.

Voor 6 personen ■ Voorbereidingstijd 10 min ■ Rusttijd 2 uur ■ Baktijd 5 min

Chocoladecaroussel

1 kopje espresso
200 g chocolade met minstens 70% cacaobestanddelen, in stukjes
90 g poedersuiker
1 afgestreken tl kaneel
3 el amaretto
70 g mascarpone
3 el slagroom
4 chocolate chip cookies

Zet de sterke koffie en doe die in een middelgrote kom. Smelt de chocolade in de gloeiend hete koffie. Spatel het mengsel glad en voeg de suiker, de kaneel en de amaretto toe.

Verdeel het mengsel over zes glaasjes.

Klop de mascarpone met de slagroom in een schaaltje los.

Schep een lepeltje mascarponeroom midden in elk glas en roer er met de punt van een mes door om een wervelwindeffect te creëren.

Zet de glaasjes ten minste 2 uur in de koelkast.

Garneer met verkruimelde chocolate chip cookies en dien op.

Voor 8 personen ■ Voorbereidingstijd 15 min ■ Baktijd 45 min ■ Koeltijd 12 uur

Crème brûlée met chocolade

500 ml melk
500 ml slagroom
8 eidooiers
180 g suiker
200 g chocolade met minstens 70% cacaobestanddelen
6 el bruine suiker

Verwarm de oven voor op 100 °C.

Breng in een middelgrote pan de melk en de room aan de kook.

Klop ondertussen de eidooiers met de suiker in een grote kom licht en luchtig.

Haal de pan met het melk-roommengsel van het vuur en doe de fijngehakte chocolade erbij. Laat de chocolade smelten en roer het mengsel glad. Giet onder voortdurend kloppen de chocoladeroom op het suiker-eigeelmengsel.

Giet het mengsel in zes crème-brûléeschaaltjes.

Bak ze 45 minuten in de voorverwarmde oven.

Laat ze op een rooster afkoelen.

Dek de crème af met huishoudfolie en zet de schaaltjes ten minste 12 uur in de koelkast.

Haal ze 15 minuten voor het opdienen uit de koelkast en laat ze op kamertemperatuur komen.

Verwarm de ovengrill voor.

Bestrooi de schaaltjes crème met bruine suiker en zet ze 2 minuten onder de warme grill. Dien ze onmiddellijk op.

Voor 4 personen ■ Voorbereidingstijd 10 min ■ Baktijd 15 min

Sneeuweieren in chocoladethee

2 zakjes Earl Grey-thee
500 ml melk
100 ml slagroom
100 g chocolade met minstens 70% cacaobestanddelen
4 eieren + 2 eidooiers
200 g suiker

Doe de theezakjes, de melk en de room in een pan. Breng alles aan de kook en haal de pan van het vuur. Dek de pan af en laat het mengsel 3-4 minuten trekken. Haal de theezakjes eruit.

Hak ondertussen de chocolade heel fijn. Zet weg. Breek de eieren en scheid dooiers van het eiwit. Doe de eiwitten in een kom en houd ze apart.

Klop in een grote kom de zes eidooiers met 120 g suiker licht en luchtig. Blijf kloppen en giet er een beetje warme melk bij. Schenk daarna de rest van de melk erbij. Klop en schenk alles terug in de pan. Zet de pan op middelhoog vuur. Blijf roeren tot de saus gebonden is (opgelet: het mengsel mag niet koken!). Doe de gehakte chocolade in de saus. Roer tot alle chocolade is gesmolten. Verdeel het chocolademengsel over vier kommetjes.

Breng in een grote pan een ruime hoeveelheid water aan de kook.

Sla ondertussen de eiwitten stijf. Voeg als ze stijve pieken vormen de rest van de suiker toe. Blijf kloppen.

Schep met twee lepels 12 bollen eiwit uit de kom en laat ze van de lepels zachtjes in het water glijden. Kook ze in drie rondes: vier bollen per keer.

Kook ze 30 seconden en keer ze halverwege de kooktijd met een schuimspaan om.

Laat ze op uitdruipen keukenpapier. Schep in elk kommetje 3 bollen en dien de toetjes op.

Gebak

Daar hebben we hem. De boosdoener die ervoor heeft gezorgd dat we nog voordat we groot genoeg waren om bij het aanrecht te kunnen echte snoepers werden: onze eerste chocoladetaart oftewel onze allereerste culinaire vervoering. Die allereerste reep chocolade waarvan we verlekkerd stukjes afbraken zonder dat we ooit vergaten er een paar in onze zakken te doen (!), die eieren waarvan het geel altijd een traantje liet als we het van het wit moesten scheiden en het beslag waarvan we maar niet begrepen dat het nog in de oven moest, zo lekker als het was om uit de kom te likken. En dan die taart, onze grote trots, die we plechtig naar mama brachten, die hem vol overgave in ontvangst nam – tot ze de toestand van haar keuken zag!

Deze chocoladetaart stond toen op eenzame hoogte aan de top. Heer en meester in bakkersland, totdat baksels van klein formaat zoals coulants, brownies, muffins en andere heerlijkheden hem van die plaats verstootten. Het is deze eersteling, deze Adam onder de taarten, die ik hier eer wil bewijzen.

Er is niets waaraan ik zoveel plezier beleef als aan het bakken van een eenvoudige chocoladetaart. Hem te zien rijzen, craqueleren en de geur door het hele huis te ruiken. Als ik zou moeten zeggen wat er nu eigenlijk zo bijzonder is aan een chocoladetaart, dan is het wel de perfecte balans: medium gebakken als een steak, niet te donker, niet te zoet. Precies goed om bij elke gelegenheid te worden gegeten.

Supertips voor een superchocoladetaart:

1) Gebruik altijd een vorm met de in het recept aangegeven doorsnee, want de baktijd varieert al naargelang de grootte van de taart.

2) Gebruik altijd chocolade van goede kwaliteit, maar ga niet blindelings af op het cacaogehalte. In tegenstelling tot wat de meeste mensen denken, bepaalt niet alleen het cacaogehalte hoe bitter chocolade is. Als de bonen niet van goede kwaliteit zijn, kan chocolade met minstens 50% cacao-bestanddelen bitterder zijn dan chocolade met minstens 70% cacao. In dat geval worden de bonen vaak extra gebrand om ze bitterder te maken. Voor een subtiele, evenwichtige smaak is een melange van diverse chocoladesoorten de beste optie.

3) Zet om de eiwitten stijf te slaan de mixer in de laagste stand en voer de snelheid langzaam tot middelhoog op. Voeg voor gladde, soepele eiwitten altijd een eetlepel citroensap en een beetje suiker (uit het recept) toe.

4) Vergeet nooit het snufje zout: zout doet wonderen bij het stijfslaan van eiwit en het verhoogt de natuurlijke smaak van de taart.

5) Haal behalve het ovenrooster om de bakvorm op te zetten, alle andere bakplaten uit de oven. Alleen dan kan de warme lucht zich regelmatig door de oven verspreiden.

Voor 8 personen ■ Voorbereidingstijd 20 min ■ Baktijd 40 min

Taart met maanzaad en cacao

130 g boter + 10 g voor de vorm
150 g maanzaad + 1 el voor de vorm
200 g bruine suiker (of 100 g bruine basterdsuiker en 100 g lichtbruine basterdsuiker)
2 eieren
2 tl vanille-extract
100 ml halfvolle melk
125 g bloem
1 tl bakpoeder
2 volle el cacaopoeder
poedersuiker ter decoratie

Verwarm de oven voor op 170 °C.

Smelt de boter en laat hem afkoelen.

Vet een springvorm van circa 22 cm doorsnee in met boter en 'bestuif' de wanden met maanzaad. Zet de vorm weg.

Klop de suiker(s), de eieren en de vanille met de mixer tot een schuimig mengsel. Voeg onder voortdurend roeren eerst de melk en daarna de gesmolten boter toe.

Meng in een andere kom de bloem met het bakpoeder, de cacao en het maanzaad.

Roer het vloeibare mengsel door de droge ingrediënten.

Doe het beslag in de springvorm.

Bak de taart 40 minuten in de voorverwarmde oven.

Laat de taart op een rooster afkoelen. Haal hem voorzichtig uit de vorm.

Garneer de taart met poedersuiker en serveer hem lauw of koud.

Wie bang is dat de maanzaadjes de taart té knapperig maken, kan ze met de staafmixer even vermalen en daarna aan het beslag toevoegen.

Fruitige tip: voeg de geraspte schil van een halve sinaasappel toe aan het deeg.

Wittechocoladetaart

250 G BOTER, 180 G WITTE CHOCOLADE, IN STUKJES
330 G SUIKER, 180 ML MELK
300 G BLOEM, 1 TL BAKPOEDER
1/2 TL VANILLE-EXTRACT, 2 EIEREN

VOOR HET GLAZUUR
150 ML SLAGROOM
300 G WITTE CHOCOLADE, IN STUKJES

VOOR DE CHOCOLADEKRULLEN
100 G PURE CHOCOLADE (REEP)
100 G WITTE CHOCOLADE (REEP)
100 G MELKCHOCOLADE (REEP)

Verwarm de oven voor op 180 °C. Vet een springvorm in.

Doe de boter, de witte chocolade, de suiker en de melk in een grote pan. Laat de chocolade onder regelmatig roeren op laag vuur smelten. Laat het mengsel 15 minuten rusten. Voeg de bloem, het bakpoeder, het vanille-extract en de licht losgeklopte eieren toe. Meng alles en giet het beslag in de ingevette springvorm. Bak de taart 1 uur en 15 minuten in de voorverwarmde oven.

Laat de taart in de vorm op een rooster afkoelen.

Maak ondertussen het glazuur en de krullen. Leg de repen chocolade in de koelkast.

Voor het glazuur: verwarm de slagroom in een pan tot hij bijna kookt. Schenk de warme room op de witte chocolade in de kom. Roer het mengsel met een spatel glad.

Voor de krullen: haal de repen uit de vriezer en schaaf er, boven een snijplank, met een dunschiller of kaasschaaf mooie krullen af. Gebruik een spatel om de krullen in een diep bord of schaal te scheppen, dan breken ze niet. Bewaar ze tot gebruik in de koelkast.

Leg de taart op een bord. Bestrijk de taart met het glazuur en garneer met de chocoladekrullen.

VOOR 8 PERSONEN ■ VOORBEREIDINGSTIJD 20 MIN ■ BAKTIJD 1 UUR EN 30 MIN

Exotische pudding

60 G ZACHTE BOTER + 10 G VOOR DE VORM
250 ML KOKOSMELK
150 G CHOCOLADE MET MINSTENS 55% CACAOBESTANDDELEN, IN STUKJES
100 G SUIKER
2 EIEREN
220 G ZELFRIJZEND BAKMEEL (OF DEZELFDE HOEVEELHEID BLOEM + 1 ZAKJE BAKPOEDER)
1 SNUFJE ZOUT
3 EL BALSAMICOAZIJN
100 G GEKONFIJTE GEMBER

Vet een souffléschaal van 15 cm doorsnee in met boter.

Breng de kokosmelk in een pan aan de kook. Haal de pan van het vuur en doe de chocolade erbij. Roer het mengsel glad.

Prak de boter en de suiker met een vork tot een fluweelzacht mengsel. Roer de eieren er een voor een door. Roer daarna het bakmeel, het zout, de azijn en tot slot het chocolade-kokosmelkmengsel erdoor.

Roer tot het mengsel homogeen en glad is.

Snijd de gember in kleine stukjes. Roer die door het beslag en giet het beslag in de souffléschaal. Dek de schaal af met een stuk bakpapier. Houd het met een elastiekje op zijn plaats.

Breng in een stoompan een laagje water aan de kook.

Zet de schaal in het mandje van de stoompan. Leg het deksel op de pan en kook de pudding in 1 uur en 30 minuten gaar.

Laat de pudding 10 minuten afkoelen. Verwijder het bakpapier en serveer de pudding lauw. Heerlijk met vanillesaus.

VOOR EEN VORM VAN 22 CM ■ VOORBEREIDINGSTIJD 15 MIN ■ BAKTIJD 20 MIN

Doodgewone cake

100 g zachte boter + 10 g voor de vorm
100 g suiker
100 g bloem
1 tl bakpoeder
2 grote eieren
2 el cacaopoeder
1 snufje zout
1 scheutje drank naar keuze (Cointreau, cognac, rum, port ...)

Verwarm de oven voor op 160 °C.

Vet een vorm met antiaanbaklaag in met boter.

Klop in een middelgrote kom de boter en de suiker met de mixer tot een licht en luchtig mengsel.

Voeg de bloem, het bakpoeder, de eieren, de cacao, het snufje zout en de drank naar keuze toe. Klop alles na elke toevoeging krachtig door.

Schep het beslag in de vorm. Strijk het met een spatel of de rug van een lepel glad.

Zet de vorm op het ovenrooster en bak de taart 20 minuten.

Serveer de taart zo of halveer hem horizontaal om verder te verwerken.

Van cake tot bombe: leg de cake op een werkvlak en snijd hem in 8 punten. Bekleed de wanden van een ronde schaal met bakpapier. Schik de cakepunten in het midden (het is niet erg als ze een beetje over elkaar liggen). Duw goed aan en besprenkel het gebak met alcohol. Vul de schaal met mousse in een smaak naar keuze.

VOOR 8-10 PERSONEN ■ VOORBEREIDINGSTIJD 10 MIN ■ BAKTIJD 15 MIN

Chocolade-schuimtaart

50 g amandelpoeder
1 afgestreken el bloem
250 g fijne tafelsuiker
50 g cacaopoeder
6 eiwitten
1 snufje zout

Verwarm de oven voor op 180 °C.

Bekleed de bodem van een springvorm van 25 cm doorsnee met bakpapier.

Hang een fijne zeef boven een grote kom. Doe het amandelpoeder, de bloem, 200 g suiker en de cacao in de zeef. Zeef de diverse ingrediënten.

Klop de eiwitten met het snufje zout met de mixer stijf. Voeg de rest van de suiker toe zodra de eiwitten stijve pieken beginnen te vormen.

Schep de eiwitten met een plastic spatel met luchtige slagen door het cacaomengsel.

Schep het beslag in de bakvorm en strijk het met een lange, dunne spatel glad.

Bak de taart 17 minuten in de voorverwarmde oven.

Laat de taart op een rooster afkoelen.

Maak de taart met de punt van een mes voorzichtig los van de wand van de vorm en leg hem op een bord.

Versier de taart met behulp van een sjabloon met poedersuiker.

Gevulde taarten

De gevulde taart stond altijd bekend als een opgave waaraan je je beter niet kon wagen zonder een behoorlijke bakervaring, omdat hij duidelijk behoorde tot de 'hogere' banketbakkerij. Zowel in letterlijke als in figuurlijke zin!

Ik moest me dan ook in het diepe storten om erachter te komen dat het maken van een gevulde taart nauwelijks moeilijker is dan het bakken van een cake. En na heel wat probeersels kan ik hier dan ook stellig verklaren dat als de taart eenmaal gelukt is (zie het voorgaande hoofdstuk), de rest kinderspel is.

Voor de vulling kun je je beperken tot een eenvoudige ganache (van gelijke delen room en chocolade), eventueel op smaak gebracht met sinaasappelpartjes en oranjebloesemwater, stukjes noot en gianduja, kersen en gekonfijte sinaasappelschilletjes, enz.

Aarzel niet om klassiekers uit de kast te halen: ik bewaar persoonlijk een bijzondere herinnering aan een taart gevuld met ricotta, gekonfijte vruchten in brandewijn en heel donkere chocoladesnippers.

Eén ding is zeker: je kunt je fantasie de vrije loop laten, want chocolade is volledig polygaam.

Supertips voor het welslagen van je gevulde taart:

1) Haal de taart uit de vorm als hij nog lauw is en zet hem daarna nog enkele uren in de koelkast. Dit om de kans op breken – bij het aansnijden – te voorkomen.

2) Voor het horizontaal doorsnijden van de taart zonder uitglijders: zet de taart op een plat vlak of, nog beter, op een stuk karton met dezelfde afmetingen.
Maak nu met een mes een oppervlakkige inkeping op de plek waar je de taart straks gaat doorsnijden. Snijd hem vervolgens over de gehele breedte door met een mes met een heel lang en dun blad.

3) Om de taart zonder problemen te verplaatsen (een diploma waardig!): plak een stukje bakpapier (of licht ingevet gewoon papier) over de hele lengte van het mes. Schuif het mes tussen de twee taarthelften, zodat het papier zich in de taart bevindt – als een plak ham in een sandwich. Til nu de bovenste taarthelft op, terwijl je in je ene hand het papier en in je andere hand het mes vasthoudt. Laat de taarthelft op het papier rusten. Breng nu de vulling aan zoals in het recept beschreven staat – houd wel altijd 1 cm van de rand onbedekt – en leg de andere taarthelft er weer bovenop. Druk hem lichtjes aan. Bedek de taart met huishoudfolie en bewaar hem in de koelkast. Breng vlak voor het opdienen eventueel nog een lauw glazuurlaagje aan.

Voor 12 personen ■ Voorbereidingstijd 10 min ■ Baktijd 35 min

Verjaardagstaart met chocolade en gekaramelliseerde hazelnoten

VOOR DE TAART

130 g boter, in blokjes + 10 g voor de vorm, 10 g bloem voor de vorm, 4 eieren, 200 g chocolade met minstens 55% cacaobestanddelen, 125 g bruine suiker, 1 tl vanille-extract, 50 g amandelpoeder, 1 snufje zout

VOOR DE GARNERING

80 g hazelnoten, 50 g boter, 75 g poedersuiker, 3 el warm water

VOOR HET GLAZUUR

250 ml slagroom, 200 g pure chocolade

Verwarm de oven voor op 150 °C.

Vet een bakvorm met hoge randen in met boter en bestuif hem met bloem. Splits de eieren. Doe de eiwitten in een grote kom en zet de eidooiers opzij.

Breek de chocolade in stukjes en smelt ze op heel laag vuur of au bain-marie. Roer de chocolade zachtjes door tot een glad mengsel ontstaat. Haal de pan van het vuur en voeg de boter, de suiker, het vanille-extract en de eidooiers een voor een toe. Roer alles goed door. Strooi tot slot het amandelpoeder erbij en roer alles nog een keer zorgvuldig door.

Doe de eiwitten samen met het snufje zout in een schone kom. Klop ze met een mixer op lage snelheid eerst los en schuimig en daarna op de hoogste stand tot stijve pieken. Spatel de opgeklopte eiwitten voorzichtig door het chocolademengsel.

Giet het mengsel in de bakvorm en zet de vorm 35 minuten in de oven.

Haal de taart uit de oven en laat hem op een rooster afkoelen. Zet de afgekoelde taart in de koelkast.

Verwarm voor de garnering de hazelnoten onder voortdurend roeren in een koekenpan met antiaanbaklaag, Doe ze in een kommetje en verwijder de velletjes door de noten stevig tegen elkaar te wrijven.

Hak de helft van de noten grof en stamp de andere helft heel fijn tot een poeder.

Smelt de boter in een kleine steelpan.

Doe de verpulverde noten in een kom en roer de poedersuiker erdoor. Schenk de gesmolten boter erover en voeg 3 eetlepels warm water toe. Roer goed. Zet het mengsel apart.

Haal de taart uit de oven en snijd hem horizontaal in twee gelijke helften (zie de tip op blz. 187). Verdeel de garnering over een van de helften en leg de andere erbovenop.

Druk het geheel lichtjes aan en zet de taart opnieuw in de koelkast.

Breng voor het glazuur de room in een pannetje aan de kook. Haal de room van het vuur en voeg de chocolade in stukjes toe. Roer alles tot een glad mengsel en voeg dan de grof gehakte hazelnoten toe.

Bestrijk de taart met dit mengsel. Serveer de taart terwijl het glazuur nog warm is.

Voor 12 personen ■ Voorbereidingstijd 45 min ■ Baktijd 45 min

Schwarzwalderkirschtaart

10 g boter voor de vorm
8 eieren, gesplitst
280 g suiker
125 g chocolade met minstens 60-70% cacaobestanddelen
180 g bloem
1 zakje bakpoeder
500 ml slagroom
30 g cacaopoeder
50 g suiker
1 pot kersen op siroop
2 el rum
6 el slagroom met hagelslag
4 el frambozenjam
1 chocoladereep voor de krullen

Verwarm de oven voor op 180 °C. Vet een bakvorm met hoge randen en een doorsnee van 23-25 cm in met boter.

Klop de eidooiers en de suiker met een mixer tot een bleek en schuimig mengsel.

Klop de eiwitten in een grote kom stijf.

Breek de chocolade in stukjes en smelt ze in een grote pan op heel laag vuur of au bain-marie. Roer zachtjes tot een glad mengsel ontstaat. Haal de pan van het vuur en voeg de eidooiers, de bloem en het bakpoeder toe. Roer alles goed door en spatel dan voorzichtig de stijfgeslagen eiwitten door het chocolademengsel.

Giet het mengsel in de bakvorm en zet de vorm 45 minuten in de oven.

Doe de room in een grote kom en zet hem 15 minuten in de vriezer.

Haal de kom uit de vriezer en klop de room met een mixer lobbig tot stijf. Klop niet te lang want dan sla je de room tot boter. Strooi de gezeefde cacao en de suiker over de slagroom en schep het mengsel met een plastic spatel soepel om.

Leg de chocoladereep 1 uur in de koelkast.

Schep telkens vanuit het midden naar de rand van de kom en draai tegelijk de kom om zijn eigen as.

Dek de kom af met huishoudfolie en zet hem in de koelkast. Laat de kersen uitlekken en week ze vervolgens in de rum.

Haal de taart uit de oven en laat hem op een rooster afkoelen. Haal hem uit de vorm en snijd hem horizontaal in drie gelijke plakken.

Bestrijk twee plakken met de slagroom met hagelslag en leg de kersen erbovenop.

Bestrijk de derde plak met de frambozenjam.

Leg één plak met hagelslagroom en kersen op een schaal. Leg hierop de plak met de frambozenjam en eindig met de andere plak met hagelslagroom en kersen.

Bestrijk de taart met de gekoelde slagroom.

Garneer de taart met nog wat kersen en chocoladekrullen, die je met een kaasschaaf of dunschiller van de koude reep afschaaft.

Zet de taart voor het serveren een paar uur in de koelkast.

VOOR 10 PERSONEN ■ VOORBEREIDINGSTIJD 35 MIN (EEN DAG VAN TEVOREN) ■ BAKTIJD 10 MIN

Irish coffee-cake

VOOR DE CAKE

200 g zachte boter + 10 g voor de vorm, 200 g suiker, 200 g bloem + 10 g voor de vorm, 1 tl bakpoeder, 3 eieren, 3 volle el cacaopoeder, 1 snufje zout

VOOR DE GARNERING

150 ml slagroom, 100 g chocolade met minstens 70% cacaobestanddelen, 3 eiwitten, 1 zakje vanillesuiker, 1 kopje sterke koffie, 100 ml whisky

VOOR HET GLAZUUR

100 ml slagroom, 150 g chocolade met minstens 70% cacaobestanddelen, in stukjes, 1 el olie (arachide-, zonnebloem- of notenolie)

Leg voor de cake een rooster in het midden van de oven met daarop een bakplaat. Verwarm de oven voor op 190 °C.

Klop de boter en de suiker met een mixer tot een luchtig mengsel. Voeg de bloem, het bakpoeder, de eieren, de cacao en het snufje zout toe en roer het mengsel na elke toevoeging goed door.

Giet het mengsel in de bakvorm en strijk het met een paletmes glad.

Zet de vorm in de oven en bak de cake 15 minuten. Haal de cake uit de oven en laat hem op een rooster afkoelen.

Doe voor de garnering de slagroom in een grote kom en zet die 15 minuten in de vriezer (of 1 uur in een heel koude koelkast).

Zet een half glas water in een grote pan, voeg de chocolade toe en laat hem au bain-marie smelten. Roer de chocolade glad met een spatel en haal dan de pan van het vuur. Laat de chocolade afkoelen. Klop de eiwitten met een mixer in een grote kom stijf. Spatel de opgeklopte eiwitten voorzichtig door de chocolade en zet het mengsel apart.

Klop de gekoelde room met een mixer lobbig tot stijf. Klop niet te lang want dan sla je de room tot boter. Voeg de vanillesuiker toe wanneer de room al tamelijk dik is en klop alles nog eens goed door. Bewaar de room in de koelkast.

Meng de koffie en de whisky in een kommetje.

De taart maken: snijd de cake met een lang zaagmes horizontaal in drie gelijke plakken. Leg een van de plakken op een schaal. Maak de plak een beetje vochtig met het koffie-whiskymengsel en bestrijk hem vervolgens met de chocolademousse. Leg de tweede plak erbovenop. Maak hem ook een beetje vochtig en bestrijk hem met de slagroom. Leg hier de derde plak bovenop. Maak ook deze plak vochtig en zet de taart in de koelkast.

Voor het glazuur breng je eerst de room aan de kook. Voeg de chocolade en de olie toe. Haal de pan van het vuur. Wanneer de chocolade begint te smelten, roer je het mengsel voorzichtig door met een spatel. Zet het in de koelkast.

Haal de gekoelde taart uit de koelkast en schenk het glazuur op het midden van de taart. Strijk het meteen mooi glad met een paletmes en zet de taart weer in de koelkast.

Haal de taart 30 minuten voor het opdienen uit de koelkast. Snijd hem in stukken met een mes dat je even onder warm stromend water hebt gehouden.

VOOR 8 PERSONEN ■ VOORBEREIDINGSTIJD 30 MIN ■ RUSTTIJD 3 UUR ■ BAKTIJD 40 MIN

Baskische chocoladetaart

VOOR HET DEEG

200 g chocolade met minstens 70% cacaobestanddelen, 180 g suiker, 2 grote eieren, 120 g gesmolten boter, 240 g bloem, 1 zakje bakpoeder, 10 g boter voor de vorm

VOOR DE GANACHE

100 g crème fraîche, 150 g chocolade met minstens 70% cacaobestanddelen, 15 g boter, 1 tl kaneel

Voor het deeg: breek de chocolade in stukjes en smelt ze op heel laag vuur of au bain-marie. Roer de chocolade met een spatel voorzichtig door tot een glad mengsel. Haal de pan van het vuur en zet hem apart.

Klop in een kleine kom de suiker, de eieren en de gesmolten boter tot een luchtig mengsel.

Voeg de gezeefde bloem, het bakpoeder en de gesmolten chocolade toe en roer alles goed door.

Dek de kom af met huishoudfolie en zet hem ten minste 3 uur in de koelkast (je kunt het deeg ook 24 uur van tevoren klaarmaken).

Verwarm de oven voor op 160 °C. Vet een bakvorm met hoge randen van 24-26 cm doorsnee in met boter.

Breng voor de ganache de crème fraîche aan de kook. Haal de crème van het vuur en voeg de chocolade in stukjes toe. Roer alles goed door tot je een glad mengsel hebt en voeg dan de boter en de kaneel toe. Roer alles nog eens goed door en zet opzij.

Haal het deeg uit de koelkast en verdeel het in twee stukken. Kneed er twee bollen van en rol ze daarna tussen twee vellen bakpapier uit tot twee ronde plakken met dezelfde doorsnee als de bakvorm.

Bekleed de bodem van de vorm met een van de twee plakken deeg. Bestrijk het deeg met de ganache – laat hierbij langs de rand ongeveer 1 cm onbedekt. Leg de andere plak deeg erbovenop en druk hem langs de randen met je vingers goed aan.

Zet de taart in de oven en bak hem 40 minuten. Serveer hem lauw of koud.

Voor 4 personen ■ Voorbereidingstijd 25 min ■ Baktijd 30 min

Diplomate met mokka en frambozen

100 g chocolade met minstens 70% cacaobestanddelen
1 el kokend water
2 el oploskoffie
2 el koffielikeur
200 ml vanillesaus
300 g crème fraîche
1 kant-en-klare chocoladetaart
300 g frambozen

Breek de chocolade in stukjes en smelt ze op heel laag vuur of au bain-marie. Wanneer de chocolade begint te smelten, roer je hem voorzichtig door met een spatel. Haal de pan van het vuur en laat de chocolade lauw worden (hij mag niet helemaal afkoelen, want dan wordt hij hard).

Doe het kokende water, de oploskoffie en de likeur in een kommetje en roer tot de koffie volledig is opgelost.

Schenk de vanillesaus bij de gesmolten chocolade en voeg beetje bij beetje de crème fraîche toe. Roer alles goed door.

Snijd de taartbodem horizontaal in twee helften. Een van de twee helften moet precies op de bodem van een ronde bakvorm passen, dus snijd hem eventueel hier en daar een beetje bij. Schenk de helft van het koffie-likeurmengsel erover. Verdeel de helft van de frambozen erover en de helft van het chocolade-crème-mengsel.

Snijd de tweede taarthelft op maat en herhaal de stappen – zoals hierboven beschreven – met de rest van de ingrediënten. Bedek de taart met een stukje huishoudfolie en zet hem ten minste 30 minuten in de koelkast voordat je hem serveert.

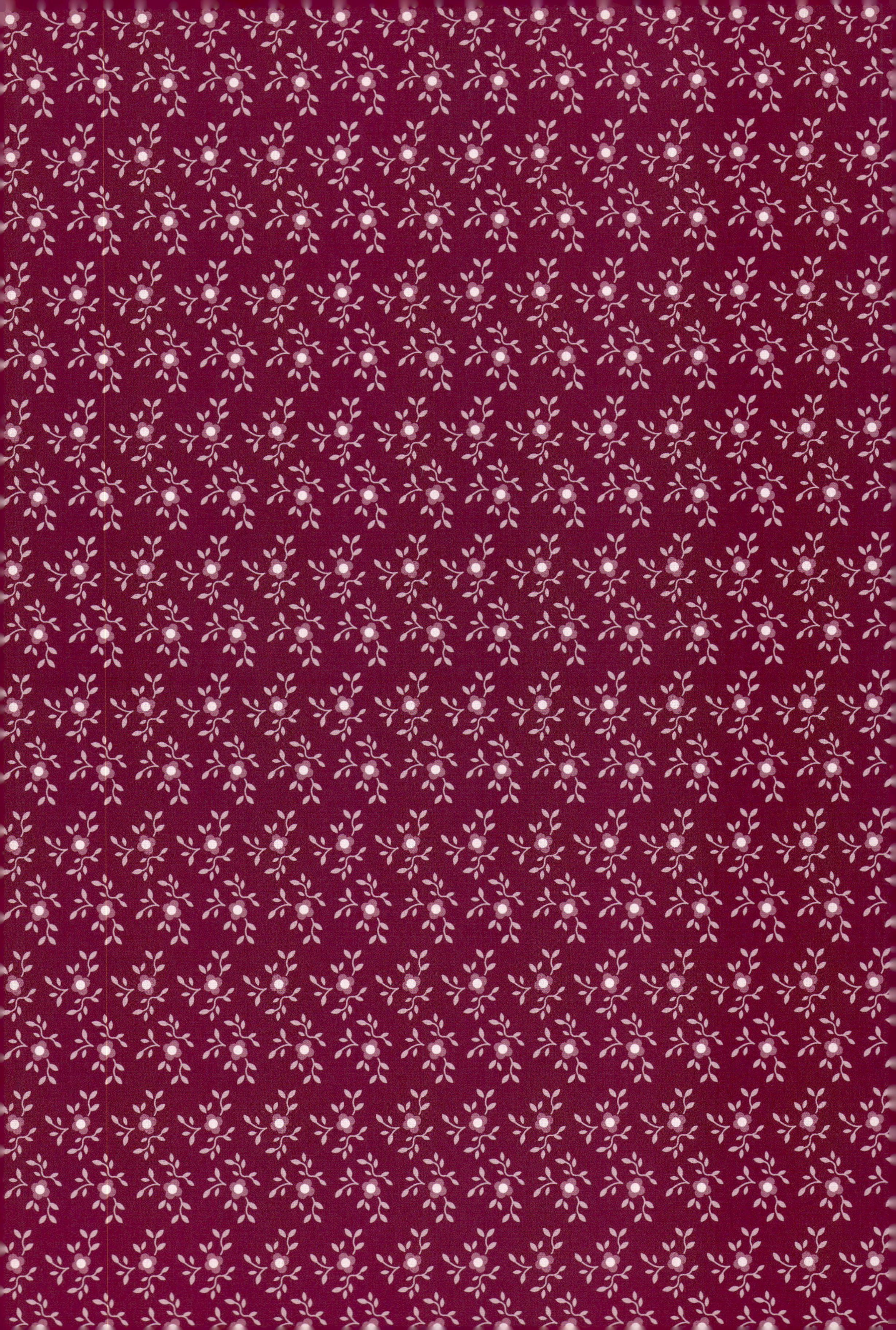

ijs en sorbets

IJs behoort tot de desserts die het leukst zijn om zelf klaar te maken. Misschien omdat de kant-en-klare versie altijd wel wat te wensen overlaat.

Je zou soms maar wat graag stukjes koek willen toevoegen, wat suiker willen wegnemen of... kleurstoffen willen verwijderen! Maar het probleem is: de befaamde ijsmachine heeft nog steeds geen plaatsje verworven in jouw keuken noch in het hoofd van je geliefde ("Je gaat me toch niet vertellen dat je het ook nog nodig vindt om een ijsmachine aan te schaffen!?"). Die ijsmachine zal er ook wel nooit komen, maar wie zegt dat je daarom niet zelf ijs kunt maken?

Ik geef toe dat ijs maken niet makkelijk is. Het moet soepel en kneedbaar blijven, maar mag niet veranderen in een soep. Om de risico's en uitglijders binnen de perken te houden kun je ook kiezen voor de sorbet. Een eenvoudig te bereiden dessert dat alle drankjes verandert in sprankelende lovertjes. Zin in een drankje? Pak een vork!

Supertips voor supersorbets:

1) Gebruik altijd een grote, platte schaal (bijvoorbeeld een gratineerschaal of een taartvorm met hoge randen), met dezelfde afmetingen als je vriesvak. Hoe groter het oppervlak dat blootstaat aan de kou, hoe sneller het bevriest.

2) Het is moeilijk te zeggen wanneer je precies moet gaan schrapen. Hoe groter het oppervlak dat blootstaat aan de kou (zie hierboven), hoe sneller dit zal zijn. Gemiddeld na 1 tot 2 uur.

3) Hoe warmer het is (sorbets worden nu eenmaal vooral in de zomer klaargemaakt), hoe beter je het moment van opdienen moet voorbereiden, want sorbets smelten in een oogwenk. Mijn techniek: ik zet de coupes (of glazen) ten minste 1 uur van tevoren in de koelkast, ik zet een dienblad klaar en ik maak de garnering (chocoladekrullen, muntblaadjes ...), en pas dáárna haal ik de schaal met sorbetijs uit de vriezer.

Op het allerlaatste moment vul ik de coupes, breng de garnering aan en dien ze zo snel mogelijk op.

Voor 6 personen - Voorbereidingstijd 20 min - Vriestijd 6 uur

Watermeloensorbet met stukjes chocolade

½ watermeloen (circa 800 g vruchtvlees)
2 el citroensap
100 g poedersuiker
1 el balsamicoazijn
50 g gehakte of geraspte chocolade

Snijd de watermeloen in vier stukken en schil hem zorgvuldig: verwijder alle witte velletjes van het vruchtvlees.

Verwijder ook de eventuele zwarte pitten.

Meng het vruchtvlees met de rest van de ingrediënten, behalve de chocolade.

Schep het mengsel in een diepvriesbak en zet die 6 uur in de vriezer. Schep het mengsel elke 2 uur even om met een vork.

Voeg vlak voor het serveren de gehakte of geraspte chocolade toe. Schep alles even goed om en dien de meloen-chocoladesorbet op in leuke glaasjes.

Voeg de chocolade echt pas op het allerlaatste moment toe, want de kou beïnvloedt de smaak ervan.

foto: @ Julie

VOOR 8 PERSONEN ■ VOORBEREIDINGSTIJD 35 MIN ■ RUSTTIJD 5 UUR

Zuccotto

2 L CHOCOLADE-IJS VAN GOEDE KWALITEIT
2 PAKKEN LANGE VINGERS VAN 300 G
120 ML COGNAC
100 G GESCHAAFDE AMANDELEN
1/2 KOPJE GEKONFIJTE SINAASAPPELSCHILLETJES, IN BLOKJES
1 EL CACAOPOEDER
1 EL POEDERSUIKER

Haal het ijs uit de vriezer en laat het langzaam op kamertemperatuur komen, zonder het te laten smelten.

Maak een charlottevorm een beetje vochtig en bekleed hem met een stuk huishoudfolie – laat de folie ruimschoots boven de vorm uitsteken.

Snijd de lange vingers in tweeën en snijd dan elke langevingerhelft ook nog eens schuin doormidden, zodat je driehoekige vormen krijgt.

Week de lange vingers in de cognac.

Bekleed de hele bakvorm – dus ook de wanden – met de lange vingers. Laat hierbij de punten van de koekjes naar de bodem wijzen en leg ze een beetje over elkaar heen. Houd een paar apart voor de bovenkant van de taart.

Roer de amandelen en de sinaasappelschilletjes voorzichtig door het zacht geworden ijs.

Schep dit mengsel in de met lange vingers beklede vorm en leg de rest van de lange vingers erbovenop.

Dek de zuccotto af met huishoudfolie en zet hem ten minste 5 uur of een hele nacht in de vriezer.

Keer de taart op een schaal en bestuif hem met cacao en poedersuiker.

Voor 4 personen ■ Voorbereidingstijd 30 min ■ Koeltijd 5 uur

Chocolade-tonka-ijs

250 ml melk
350 ml slagroom
1/3 tonkaboon
2 eidooiers
20 g poedersuiker
130 g chocolade met minstens 70% cacaobestanddelen

Breng de melk en 200 ml room in een pannetje aan de kook en voeg de geraspte tonkaboon toe. Haal de pan van het vuur en houd hem warm.

Klop de eidooiers en de suiker in een grote kom tot een schuimig mengsel. Voeg dan geleidelijk het warme melk-roommengsel toe en blijf stevig doorkloppen.

Schenk dit mengsel weer in het pannetje en laat het op laag vuur – onder voortdurend roeren met een spatel – langzaam dik worden (dit duurt zo'n 10-15 minuten). Schenk de crème weer over in de kom en laat hem afkoelen, onder af en toe roeren.

Klop de rest van de (koude) room (150 ml) op en schep hem door de afgekoelde crème.

Laat het geheel ten minste 5 uur in de vriezer opstijven. Klop alles na 1 uur stevig door en doe dit opnieuw na 2 of 3 uur (op z'n laatst). Schep alles vlak voor het serveren nog een laatste keer goed om.

Het beste is om dit ijs 5-6 uur van tevoren klaar te maken, maar wanneer je het, zoals hierboven beschreven, drie keer om het uur stevig hebt doorgeklopt, kun je het ook een aantal dagen in de vriezer bewaren. Laat het ijs in dat geval vlak voor het serveren 30 minuten bij kamertemperatuur zacht worden en klop het dan met een mixer nog een keer goed door.

VOOR 6 PERSONEN ■ VOORBEREIDINGSTIJD 20 MIN ■ VRIESTIJD 4 UUR

Choco-frambozensorbet

80 G SUIKER
150 G PURE CHOCOLADE, IN STUKJES
150 G GEPRAKTE FRAMBOZEN

Breng in een pannetje 600 ml water en de suiker aan de kook.

Zet het vuur laag, voeg de chocolade toe en roer alles goed door tot je een glad mengsel hebt. Laat het afkoelen.

Roer de frambozenpuree door de chocolade en schep het mengsel in een diepvriesbak. Laat het 2 uur in de vriezer opstijven.

Roer alles met een vork even goed door en zet de bak opnieuw 2 uur in de vriezer.

Roer alles weer door en serveer de sorbet met een puree van rode vruchten.

VOOR 6 PERSONEN ■ VOORBEREIDINGSTIJD 15 MIN ■ VRIESTIJD 4 UUR

Koffie-chocoladesorbet met kardemom

90 G CHOCOLADE MET MINSTENS 70% CACAOBESTANDDELEN
500 ML STERKE KOFFIE (OF CAFEÏNEVRIJ)
70 G POEDERSUIKER
4-5 KARDEMOMPEULEN

Rasp de chocolade of hak hem fijn. Doe hem in een hittebestendige kom.

Maak de koffie en schenk hem over de chocolade. Voeg de poedersuiker toe en klop alles net zolang door tot de chocolade gesmolten is en je een glad mengsel hebt.

Breek de kardemompeulen open, haal de zaadjes eruit en wrijf ze fijn in een vijzel of onder het lemmet van een stevig mes. Doe ze bij het chocolademengsel en roer alles goed door.

Laat het geheel afkoelen tot kamertemperatuur.

Roer het mengsel goed door en schep het in een diepvriesbak. Laat het 4 uur in de vriezer opstijven. Roer het mengsel met een vork na anderhalf uur even door en herhaal dit nog een keer na anderhalf uur.

Roer de koffie-chocoladesorbet nog één keer goed door en schep hem dan in 6 leuke glaasjes of ijscoupes. Geef er eventueel chocoladesaus of koekjes bij.

Marquises, bombes en parfaits

De marquise maakt deel uit van die desserts waarvan er evenveel varianten als banketbakkers bestaan.

Hoewel het gastronomisch woordenboek haar beschrijft als 'een gerecht dat tussen een chocolademousse en een parfait inzit, op basis van chocolade, heel zachte boter, eieren en suiker', aarzelt topkok Guy Martin, van Le Grand Véfour uit Parijs, niet om 500 ml slagroom aan het ingrediëntenlijstje toe te voegen. Kortom, alle middelen zijn geoorloofd als het resultaat maar een dichte, smeuïge chocolademousse is, die zich in plakken laat snijden. Er is één vast gegeven: een marquise moet lange tijd de kou doorstaan.

Hoewel je het misschien wel zou denken, is de marquise niet het meest calorierijke chocoladedessert. Ik voeg persoonlijk zo min mogelijk suiker en boter toe. Het resultaat: een krachtige chocoladesmaak en een dichte textuur die de smaakpapillen én de geest al met een paar hapjes tevredenstellen. Dien niet al te grote plakken op, want je gasten zullen die tot de laatste kruimel opeten – iets wat ze de volgende ochtend waarschijnlijk al berouwen. Als ze er echter geen genoeg van kunnen krijgen, staat niets hun in de weg zichzelf nog een keer te bedienen!

Supertips voor superparfaits en supermarquises:

1) Bedek de binnenkant van de bakvorm met huishoudfolie: schep een dessert dat nog enkele uren in de koelkast of vriezer moet staan nooit direct in de vorm. Je slaagt er dan waarschijnlijk niet meer in het uit de vorm te krijgen.

Met een siliconenvorm is dit misschien wel mogelijk, maar dan alleen als het dessert bevroren is. Een dessert dat alleen gekoeld hoeft te worden, loopt ook in een siliconenvorm grote kans om te vervormen.

2) Om eventuele paniektoestanden te vermijden, vet je de binnenkant van de vorm altijd lichtjes in met olie voordat je de huishoudfolie aanbrengt. Je kunt het dessert dan heel makkelijk uit de vorm nemen.

3) Je kunt marquises en parfaits ook in afzonderlijke porties klaarmaken. Verdeel ze over verschillende kommetjes of potjes en laat ze, zoals in het recept aangegeven, in de koelkast of vriezer afkoelen.

Gepralineerde ijskoepels

250 ML SLAGROOM
4 EIEREN
30 G SUIKER
100 G PRALINE
100 G CHOCOLADE MET MINSTENS 70% CACAOBESTANDDELEN, IN STUKJES

VOOR 4 PERSONEN - VOORBEREIDINGSTIJD 15 MIN - VRIESTIJD 3 UUR

Doe 100 ml slagroom in een grote kom en zet hem 15 minuten in de vriezer (of 1 uur in een heel koude koelkast).

Haal de kom uit de koelkast en klop de room met een mixer lobbig tot stijf. Klop niet te lang want dan sla je de room tot boter. Bewaar de opgeklopte room in de koelkast.

Splits de eieren. Klop de eidooiers en de suiker tot een schuimig mengsel en klop de eiwitten tot stijve pieken.

Spatel de praline voorzichtig door de stijfgeslagen eiwitten en voeg ook de opgeklopte room en het ei-suikermengsel toe. Roer alles goed door.

Bekleed vier kleine vormpjes met huishoudfolie en vul de vormpjes met het mengsel.

Zet de vormpjes ten minste 3 uur in de vriezer.

Breng voor de ganache 150 ml room aan de kook. Haal de pan van het vuur en voeg de chocolade toe. Roer tot je een glad mengsel hebt en zet dat opzij.

Keer de vormpjes op schaaltjes en schenk de ganache eromheen.

Serveer meteen.

VOOR 2 PERSONEN ■ VOORBEREIDINGSTIJD 15 MIN ■ RUSTTIJD 5 UUR

Chocolade-gembermarquise met saffraansaus

100 G BITTERE CHOCOLADE
50 G BOTER, IN BLOKJES
50 G GEKONFIJTE GEMBER
1 EI + 2 EIDOOIERS
60 G POEDERSUIKER
1 EL BLOEM
1 TL CACAOPOEDER + 10 G OM TE BESTUIVEN
1 VANILLESTOKJE
150 ML VOLLE MELK
EEN PAAR SAFFRAANDRAADJES

Om de marquise wat luchtiger te maken, kun je een eiwit aan het recept toevoegen.

Je kunt het vanillestokje ook vervangen door een theelepel oploskoffie of door steranijs.

Maak twee bakvormen een beetje vochtig en bekleed ze met huishoudfolie.

Breek de chocolade in stukjes en smelt ze in een grote pan op heel laag vuur of au bain-marie. Roer de chocolade zachtjes door tot een glad mengsel. Voeg dan de boter toe en roer alles goed door tot een gladde massa. Haal de pan van het vuur.

Snijd de gember in reepjes en zet ze opzij.

Splits het ei en klop de eidooier met 30 g suiker tot een schuimig mengsel. Schenk dit mengsel bij de chocolade, voeg de gezeefde bloem en de cacao toe en roer alles goed door.

Klop het eiwit stijf en spatel het voorzichtig door het chocolademengsel.

Voeg de reepjes gember toe en schep alles nog een keer goed om. Verdeel het mengsel over twee bakvormpjes.

Zet de vormpjes ten minste 5 uur in de vriezer.

Maak voor het serveren de saffraansaus.

Klop de 2 eidooiers en 30 g suiker tot een schuimig mengsel.

Snijd het vanillestokje in de lengte open en schraap het merg eruit.

Breng in een pannetje 150 ml melk met het vanillestokje en het -merg aan de kook.

Schenk de hete melk heel geleidelijk en onder voortdurend kloppen bij de eidooiers. Roer goed en giet het mengsel dan weer in de pan. Laat het op heel laag vuur in enkele minuten tot een mooie saus indikken.

Laat de saus afkoelen. Verwijder het vanillestokje en voeg de saffraan toe. Roer alles goed door.

Haal de vormpjes uit de vriezer en keer ze op twee diepe borden.

Schenk de afgekoelde saffraansaus eromheen en bestuif met cacaopoeder.

Klassieke ijsbombe

300 g chocolade met minstens 70% cacaobestanddelen
400 ml slagroom
250 ml melk
6 eidooiers
250 g suiker
cacaopoeder om te bestuiven

Breek de chocolade in stukjes en smelt ze op heel laag vuur of au bain-marie. Roer de chocolade zachtjes door tot een glad mengsel.

Doe de room in een grote kom en zet hem 15 minuten in de vriezer.

Verwarm de melk in een pannetje.

Klop ondertussen de eidooiers en de suiker tot een bleek en romig mengsel. Schenk de warme melk heel geleidelijk en onder voortdurend kloppen bij de opgeklopte eidooiers. Roer alles goed door en giet het mengsel dan weer in de pan. Laat het op heel laag vuur al roerend in enkele minuten tot een mooie saus indikken.

Haal de pan van het vuur en schenk het ei-melkmengsel bij de gesmolten chocolade. Roer alles goed door en laat het afkoelen.

Bekleed een bolvormige schaal met huishoudfolie.

Haal de kom met room uit de vriezer en klop de room met een mixer lobbig tot stijf. Klop niet te lang want dan sla je de room tot boter. Spatel de room voorzichtig door het chocolademengsel. Doe het mengsel in de bolvormige schaal en zet die ten minste 4 uur in de vriezer.

Haal de schaal uit de vriezer en keer hem op een plat bord. Verwijder de folie en bestuif het geheel met cacaopoeder.

Leg onder in de schaal een laagje in koffie en rum
geweekte plakken cake.
Vet de schaal lichtjes in met olie, zodat de huishoudfolie
goed blijft plakken.

Bombe met een verrassende vulling

CHOCOLADETAART

200 g boter + 20 g voor de vorm, 200 g suiker, 200 g bloem, 1 tl bakpoeder, 3 grote eieren, 3 el cacaopoeder, 1 snufje zout, 1 scheutje sterkedrank naar keuze: Cointreau, cognac, rum, port, Grand Marnier ...

IJSMOUSSE VAN KASTANJEPUREE

400 ml slagroom, 500 g kastanjepuree met vanille, 1 tl rum, 4 eiwitten, 1 snufje zout, cacaopoeder of chocoladeglazuur ter decoratie

Doe de slagroom in een kom en zet hem 15 minuten in de vriezer (of 1 uur in een heel koude koelkast).

Het bereiden van de taart

Verwarm de oven voor op 190 °C. Bekleed twee ronde bakvormen van 22 cm doorsnee met ingevet bakpapier.

Klop de boter en de suiker in een kom met een mixer tot een licht en schuimig geheel. Voeg de bloem, het bakpoeder, de eieren, de cacao, het snufje zout en de sterkedrank toe. Roer het mengsel na elke toevoeging goed door. Verdeel het beslag over de twee bakvormen en strijk de bovenkant met een paletmes glad. Zet de bakvormen 5 minuten in de oven.

Haal de taarten uit de oven, laat ze afkoelen en keer een van de twee vormen op het werkblad. Snijd deze taart in acht stukken. Maak een bolvormige schaal een beetje vochtig en bekleed hem met huishoudfolie. Bedek de binnenkant van de schaal met de acht stukken taart – laat de punten naar het midden wijzen en laat ze elkaar iets overlappen. Druk goed aan en zet de vorm opzij.

Het bereiden van de mousse

Haal de kom met room uit de vriezer en klop de room met de mixer lobbig. Klop niet te lang want dan krijg je boter. Voeg de kastanjepuree en de rum toe en roer alles met een plastic spatel goed door.

Eventuele 'taartrestjes' smaken erg lekker tussen twee laagjes kastanjemousse.

Klop de eiwitten met een mixer stijf en schep ze voorzichtig door het kastanje-roommengsel. Schep de mousse in de beklede schaal en leg de tweede taart erbovenop – snijd eventuele uitstekende randen netjes bij.

Bedek de schaal met een groot stuk huishoudfolie en druk alles met een plat bord nog eens stevig aan. Laat de bombe ten minste 6 uur in de vriezer opstijven.

Haal de schaal uit de vriezer en keer hem op een platte schaal.

Verwijder de folie en bestuif de bombe met cacao of bestrijk hem met chocoladeglazuur.

Voor 6 personen ■ Voorbereidingstijd 20 min ■ Rusttijd 3 uur

Chocolademarquise zonder poespas

OLIE OM IN TE VETTEN
250 G CHOCOLADE
250 G BOTER, IN BLOKJES
4 EIEREN
4 EL SUIKER

Vet een cakevorm lichtjes in met de olie en bekleed hem met huishoudfolie – laat de folie aan de lange kanten van de vorm overhangen.

Breek de chocolade in stukjes en smelt ze in een grote pan op heel laag vuur of au bain-marie. Roer de chocolade zachtjes door tot een glad mengsel ontstaat. Voeg dan de boter toe en roer alles goed door tot een gladde massa. Haal de pan van het vuur.

Splits de eieren. Klop de eidooiers en de suiker tot een bleekgeel mengsel. Roer dit mengsel door het chocolade-botermengsel.

Doe de eiwitten in een schone kom. Klop ze met een mixer op lage snelheid eerst los en schuimig en voer daarna de snelheid op om ze stijf te slaan. Spatel de stijfgeslagen eiwitten voorzichtig door het chocolademengsel.

Schep dit mengsel in de cakevorm en dek het met de overhangende stukken huishoudfolie goed af. Laat het geheel ten minste 3 uur in de vriezer opstijven.

Haal de marquise 10-15 minuten voor het serveren uit de vriezer.

VOOR 8 PERSONEN ■ VOORBEREIDINGSTIJD 20 MIN ■ RUSTTIJD 3 UUR

Marquise op mijn manier

1 ZAKJE GLACEERPOEDER OF FONDANT IN POEDERVORM
100 ML SLAGROOM
150 ML MINERAALWATER
30 G CACAOPOEDER + 10 G TER DECORATIE
1 EL BALSAMICOAZIJN
1-2 EL ORANJEBLOESEMWATER (AFHANKELIJK VAN JE SMAAK EN DE STERKTE VAN HET WATER)
1 SNUFJE CHILIPOEDER
4 GEKONFIJTE MANDARIJNEN OF GEKONFIJTE SINAASAPPELPARTJES

Maak een ronde bakvorm van 20 cm doorsnee een beetje vochtig en bekleed hem met huishoudfolie.

Meng de inhoud van het zakje glaceerpoeder met de slagroom en het mineraalwater. Klop 2 minuten met een mixer.

Voeg de cacao, de balsamicoazijn, het oranjebloesemwater en het snufje chilipoeder (afhankelijk van je eigen smaak) toe en roer alles goed door.

Schenk de mousse in de bakvorm en strijk hem met natte vingers glad.

Laat de mousse ten minste 3 uur in de vriezer opstijven.

Haal de bakvorm uit de vriezer en keer hem op het werkblad. Bestuif de marquise met cacaopoeder en zet hem op een plat bord.

Garneer met stukjes gekonfijte mandarijn of sinaasappel.

Je kunt de marquise meteen serveren, maar het is beter om hem 30 minuten te laten rusten en een beetje zacht te laten worden!

Ik geef de voorkeur aan gekonfijte mandarijnen of sinaasappelpartjes op siroop: deze zijn zachter en smaken beter.

Voor 6-8 personen ■ Voorbereidingstijd 30 min ■ Rusttijd 12 uur + 1 uur

Marquise met kastanjecrème

olie om in te vetten
200 g chocolade met minstens 60% cacaobestanddelen
250 g kastanjecrème
4 eieren + 2 eiwitten
1 snufje zout
3 el rum of whisky
50 g lange vingers
cacaopoeder om te bestuiven

Vet een cakevorm van circa 22 cm lang lichtjes in met olie en bekleed hem met huishoudfolie – laat de folie aan de lange kanten van de vorm uitsteken.

Breek de chocolade in stukjes en smelt ze in een grote pan op heel laag vuur of au bain-marie. Roer de chocolade zachtjes door tot een glad mengsel. Haal de pan van het vuur en voeg de kastanjecrème toe. Roer alles goed door.

Splits de eieren en roer de eidooiers een voor een door het chocolade-kastanjemengsel.

Doe de eiwitten samen met het snufje zout in een schone kom. Klop ze met een mixer op lage snelheid eerst los en schuimig en voer daarna de snelheid op om ze tot stijve pieken te slaan. Schep de opgeklopte eiwitten voorzichtig door de chocolade-kastanjecrème.

Schep een kwart van de crème in de cakevorm.

Schenk de sterkedrank in een diep bord en week hier kort vier lange vingers in.

Verdeel de lange vingers op gelijke afstand van elkaar over de crème in de cakevorm. Schenk hier weer een laagje chocolade-kastanjecrème over. Doe dit nog vier keer. Eindig met een laagje crème.

Laat de marquise een hele nacht + 1 uur in de vriezer opstijven, zodat je hem makkelijk uit de vorm kunt halen.

Keer de vorm op een schaal en verwijder de huishoudfolie. Bestuif de marquise met cacao en snijd hem in plakken.

Voor 10 personen ■ Voorbereidingstijd 30 min ■ Rusttijd 12 uur

Chocoladeterrine After Eight

500 g chocolade met minstens 70% cacaobestanddelen
300 g boter
6 eieren
1 snufje zout
ca. 10 stuks After Eight
100 ml slagroom

Breek de chocolade in stukjes en smelt ze op heel laag vuur of au bain-marie. Roer de chocolade zachtjes door tot een glad mengsel. Voeg dan de boter in blokjes toe en roer alles goed door tot een gladde massa. Haal de pan van het vuur en laat het mengsel afkoelen.

Splits de eieren en roer de eidooiers een voor een door het chocolademengsel. Klop het na elke toevoeging stevig door. Doe de eiwitten samen met het snufje zout in een schone kom. Klop ze met een mixer op lage snelheid eerst los en schuimig en mix ze daarna op de hoogste stand tot er stijve pieken ontstaan.

Spatel de opgeklopte eiwitten voorzichtig door het chocolademengsel.

Maak een terrine van gemiddelde grootte een beetje vochtig en bekleed haar met een stuk huishoudfolie. Laat de folie aan de lange kanten van de terrine uitsteken. Giet het mengsel erin. Dek de terrine af met de uitstekende stukken folie en laat het geheel ten minste 12 uur in de vriezer opstijven.

Begin een uur voor het serveren met het bereiden van de ganache: verwarm de After Eight met de room in een klein pannetje. Roer net zolang tot de chocolade gesmolten is en laat het mengsel dan afkoelen. Neem de chocoladeterrine uit de vorm, zet haar op een schaal en schenk de ganache met muntsmaak erover.

Laat de terrine nog 30 minuten in de koelkast opstijven. Snijd de terrine dan in plakken en geef er een crème anglaise met kardemomsmaak bij.

Voor 12 personen ■ Voorbereidingstijd 20 min ■ Rusttijd 2 uur

'IJsnoga' met zuidvruchten, specerijen en chocolade

4 kardemompeulen
4 kruidnagels
$^{1}/_{4}$ tl geraspte nootmuskaat
1 tl kaneel
250 g bittere chocolade
1 el Grand Marnier
200 g crème fraîche
100 g gedroogde vijgen (maar zacht)
30 g gekonfijte gember
100 g noten
60 g ongezouten pistachenoten

Maak een cakevorm van 20-22 cm lang een beetje vochtig en bekleed hem met een stuk huishoudfolie.

Breek de kardemompeulen open en stamp de zaadjes samen met de kruidnagels fijn in een vijzel. Voeg de nootmuskaat en kaneel toe en meng alles goed door.

Breek de chocolade in stukjes en smelt ze op heel laag vuur of au bain-marie. Roer de chocolade zachtjes door tot een glad mengsel. Voeg de Grand Marnier, de crème fraîche en de specerijen toe. Roer alles goed door, haal de pan van het vuur en zet hem opzij.

Snijd de vijgen en de gember in blokjes. Voeg de noten en de pistachenoten toe en roer alles goed door. Schep het fruit-notenmengsel door de chocoladecrème. Roer alles nog eens stevig door en schep het mengsel in de cakevorm. Tik met de onderkant van de cakevorm een paar keer tegen het werkblad om het mengsel goed te verdelen en eventuele luchtbellen te verwijderen. Strijk de bovenkant met de bolle kant van een soeplepel glad en laat het geheel 2 uur in de vriezer opstijven.

Neem de 'noga' 15 minuten voor het serveren uit de vorm, zet hem op een schaal en snijd hem in plakken van circa 1 cm dik.

Geef er een pistachecrème bij (verwarm een kleine hoeveelheid pistache-ijs in een pannetje op heel laag vuur).

VOOR 6-8 PERSONEN ■ VOORBEREIDINGSTIJD 20 MIN ■ VRIESTIJD 4 UUR

Kerstmeringuetaart

1 L KARAMELIJS
1 L KOFFIE-IJS
OLIE OM IN TE VETTEN
200 G VERKRUIMELDE SCHUIMGEBAKJES
1/2 TL KANEEL (NAAR KEUZE)
150 G CHOCOLADE MET MINSTENS 70% CACAOBESTANDDELEN
100 G BOTER
1 EL COGNAC

Haal het ijs 20 minuten voor je het dessert gaat bereiden uit de vriezer.

Vet een bakvorm met hoge randen lichtjes in met olie en bekleed hem met huishoudfolie. Laat de folie ruimschoots boven de vorm uitsteken.

Klop het ijs smeuïg en schep het karamelijs in de bakvorm. Leg hier de helft van de schuimkruimels op en strooi daar naar keuze kaneel op. Verdeel het koffie-ijs hierover en eindig met de resterende schuimkruimels. Dek de vorm af met de uitstekende folie.

Laat het dessert ten minste 4 uur in de vriezer opstijven.

Breek 10 minuten voor het opdienen de chocolade in stukjes en smelt ze op heel laag vuur of au bain-marie. Roer de chocolade zachtjes door tot een glad mengsel en voeg de boter toe. Haal de pan van het vuur en voeg de cognac toe. Roer alles goed door en laat het mengsel afkoelen.

Haal de taart uit de vriezer, neem hem uit de vorm en zet hem op een groot bord.

Bestrijk de taart met behulp van een dunne metalen spatel met de chocoladesaus en dien hem meteen op.

VOOR 6-8 PERSONEN ■ VOORBEREIDINGSTIJD 15 MIN ■ RUSTTIJD 5 UUR

IJsparfait met kastanjes en oranjebloesemwater

OLIE OM IN TE VETTEN
200 G CHOCOLADE, IN STUKJES
200 G KASTANJECRÈME
200 ML SLAGROOM
1 EL RUM
1 TL ORANJEBLOESEMWATER
50 G SCHUIMGEBAK

Vet een cakevorm van circa 22 cm lang lichtjes in met olie en bekleed hem met huishoudfolie. De folie moet 2-3 cm over de lange kant van de vorm heen hangen.

Smelt de chocolade op heel laag vuur of au bain-marie. Roer hem zachtjes door tot een glad mengsel. Haal de pan van het vuur en zet hem opzij.

Klop in een grote kom de kastanjecrème en de room tot een luchtig mengsel. Voeg de rum, het oranjebloesemwater en de gesmolten chocolade toe en roer alles tot een gladde crème.

Bedek de bodem van de cakevorm met een laagje crème en laat dit 15 minuten in de vriezer opstijven.

Verkruimel ondertussen het schuimgebak.

Haal de vorm uit de vriezer en bestrooi de hard geworden crème met een laagje schuimkruimels. Schenk er een tweede laagje crème over en zet de vorm opnieuw 15 minuten in de vriezer. Ga hier net zolang mee door tot de ingrediënten op zijn.

Laat het dessert ten minste 5 uur opstijven in de vriezer. Neem de ijsparfait uit de vorm en dien hem in plakken op.

Serveer de ijsparfait met vanillesaus. Je kunt de rum ook vervangen door whisky en het oranjebloesemwater door vanille-extract.

VOOR 6 PERSONEN ■ VOORBEREIDINGSTIJD 15 MIN ■ RUSTTIJD 3 UUR

Knapperige terrine met kersen en chocolade

150 g kersen op siroop
3 el kirsch
350 g chocolade met minstens 60-70% cacaobestanddelen
150 ml crème fraîche
150 ml slagroom
100 g boter
200 g vanillewafeltjes

Laat de kersen uitlekken en vermeng 200 ml van de siroop met de kirsch. Zet opzij.

Breek de chocolade in stukjes en doe ze samen met de crème fraîche en de room in een magnetronschaal. Smelt het geheel au bain-marie of zet de schaal drie keer 1 minuut in de magnetron op de hoogste stand. Voeg de boter in stukjes toe en roer alles tot een gladde crème. Laat hem afkoelen.

Maak een kleine terrine een beetje vochtig en bekleed haar met huishoudfolie, waarbij de folie aan de lange kanten 2-3 cm boven de vorm uitsteekt.

Week de wafeltjes kort in de siroop en leg ze op de bodem van de terrine. Verdeel de helft van de chocoladecrème erover. Leg hier weer een laag geweekte wafeltjes op. Voeg dan een laag kersen en de rest van de chocoladecrème toe en eindig met een laag geweekte wafeltjes. Dek de vorm af met de uitstekende folie en laat de terrine ten minste 3 uur – maar liever een nacht – in de koelkast opstijven.

Neem de terrine uit de vorm en snijd haar in heel dunne plakken. Geef er een saus van gesmolten chocolade en de rest van de kersensiroop bij.

In plaats van kersen op siroop kun je diepvrieskersen gebruiken. Ontdooi de kersen in dat geval in de magnetron of laat ze op kamertemperatuur ontdooien. Laat ze uitlekken en bewaar het sap om de wafeltjes in te weken.

Als de kersensiroop alcohol bevat, voeg dan geen kirsch toe. Het gebruik van crème fraîche én slagroom zorgt ervoor dat het beslag een perfecte textuur krijgt: niet te hard en niet te zacht.

Chocoladeterrine met speculaas en kaneel

150 g chocolade met minstens 55% cacaobestanddelen
100 g chocolade met minstens 70% cacaobestanddelen
100 ml slagroom
120 g boter
1 groot extra vers ei
1 zakje vanillesuiker
1 tl kaneel
200 g speculaas

Breek de chocolade in stukjes en doe ze samen met de room in een magnetronschaal. Smelt het geheel au bain-marie of zet de schaal drie keer 1 minuut in de magnetron op de hoogste stand. Roer alles goed door.

Voeg de boter in stukjes, het geklopte ei, de vanillesuiker en de kaneel toe. Roer alles goed door en laat het afkoelen.

Verdeel een derde van deze chocoladecrème over de bodem van een kleine terrine met antiaanbaklaag. Leg hier een laagje speculaas op. Voeg weer een derde deel chocoladecrème toe, gevolgd door een laagje speculaas. Eindig met een laatste deel chocoladecrème met daar bovenop een laag speculaas.

Dek de terrine af met een stuk huishoudfolie en zet haar ten minste een nacht op het koudste plekje in de koelkast.

Dien de chocoladeterrine in plakken op, eventueel samen met een lauwwarme Carambar-saus: breng 100 g Carambar (een toffee-achtig snoepstaafje) en 150 ml slagroom aan de kook en laat de snoepstaafjes op laag vuur smelten.

Moelleux

Het is niet altijd makkelijk om taarten, moelleux, fondants en coulants uit elkaar te houden. Chocolade is zo'n veelzijdig ingrediënt dat je er oneindig veel nuances mee kunt aanbrengen. Bovendien wekt chocolade zulke sterke gevoelens op dat iedereen er zijn eigen dromen bij heeft. Hoe het ook zij, de moelleux is zonder twijfel een van de meest gewaar-deerde chocoladedesserts.

Een soort van AGR (altijd goed recept) dat je op elk moment en aan iedereen kunt voorzetten.

Hoewel de ingrediënten eigenlijk altijd dezelfde zijn – chocolade, eieren, suiker en eventueel room –, is het zoeken naar het perfecte even-wicht tussen de hoeveelheden bijna een empirische wetenschap. Ik zou je kunnen begeleiden van het inkopen van de ingrediënten tot het bereiden ervan, maar die perfecte balans kun je alleen maar bereiken door zelf dingen uit te proberen. Een moelleux wordt alleen maar beter als je er een persoonlijke noot aan toevoegt. Je bent dus helemaal vrij om de hiernavolgende recepten op je eigen manier in te vullen.

Moelleux zonder bloem van chocolade en worteltjes

10 g boter voor de vorm, 300 g worteltjes, 3 kardemompeulen (naar keuze), 150 g pure chocolade, 5 eieren, 75 g bruine basterdsuiker, 200 g amandelpoeder, 40 g eigengemaakt paneermeel (niet te fijn), de geraspte schil van een 1/2 onbespoten sinaasappel, 1 snufje zout, 40 g fijne tafelsuiker

Verwarm de oven voor op 180 °C. Vet een bakvorm met hoge randen en een doorsnee van circa 25 cm in met boter.

Schrap en rasp de wortels. Zet ze opzij.

Breek de kardemompeulen open, haal de zaadjes eruit en wrijf ze fijn in een vijzel of onder het blad van een stevig mes. Zet opzij.

Breek de chocolade in stukjes en smelt ze in een grote pan op heel laag vuur of au bain-marie. Roer de chocolade zachtjes door tot een glad mengsel. Haal de pan van het vuur en zet hem opzij.

Splits de eieren. Doe de eiwitten in een kom en zet die opzij.

Klop de eidooiers met de basterdsuiker in een grote kom tot een schuimig mengsel. Voeg de gesmolten chocolade, de wortels, het amandelpoeder en het paneermeel toe en roer het mengsel na elke toevoeging goed door. Voeg de geraspte sinaasappelschil en de gemalen kardemomzaadjes (als je die gebruikt) toe en roer alles nog eens goed door.

Doe de eiwitten samen met het snufje zout in een schone kom. Klop ze met een mixer op lage snelheid eerst los en schuimig, en mix ze daarna op de hoogste stand tot er stijve pieken ontstaan – voeg ondertussen geleidelijk de suiker toe.

Spatel de stijfgeslagen eiwitten voorzichtig door het chocolademengsel.

Schep het mengsel in de vorm en zet die 1 uur in de oven.

Serveer de taart lauwwarm en geef er bijvoorbeeld een crème anglaise bij.

VOOR 8 PERSONEN ■ VOORBEREIDINGSTIJD 10 MIN ■ BAKTIJD 1 UUR

Moelleux van chocolade en gecondenseerde melk

300 g pure chocolade met minstens 70% cacaobestanddelen
100 g boter, in blokjes
5 eieren
1 zakje vanillesuiker
150 ml gecondenseerde melk
1 snufje zout
1 el bloem
1 snufje kaneel
2 el amandelpoeder

Verwarm de oven voor op 140 °C.

Breek de chocolade in stukjes en smelt ze in een grote pan op heel laag vuur of au bain-marie. Roer de chocolade zachtjes door tot een glad mengsel. Voeg dan de boter toe en roer alles goed door tot een gladde massa. Haal de pan van het vuur.

Splits de eieren. Doe de eiwitten in een kom en zet die opzij. Klop de eidooiers met de vanillesuiker tot een luchtig mengsel. Voeg de gesmolten chocolade en de gecondenseerde melk toe en roer alles goed door.

Doe de eiwitten samen met het snufje zout in een schone kom. Klop ze met een mixer op lage snelheid eerst los en schuimig en voer daarna de snelheid op om ze tot stijve pieken te slaan.

Spatel het eiwit voorzichtig door het chocolademengsel. Voeg de bloem, de kaneel en het amandelpoeder toe. Roer goed.

Schep het mengsel in een cakevorm en zet die 1 uur au bain-marie (in een bak water) in de oven.

Haal de taart uit de oven en laat hem op een rooster afkoelen.

Deze klassieke moelleux wordt op de volgende manier gegeten: puur natuur!

VOOR 6 PERSONEN ■ VOORBEREIDINGSTIJD 10 MIN ■ BAKTIJD 50 MIN

Luchtige moelleux met craquelélaagje

125 g boter + 10 g voor de vorm
150 g chocolade met minstens 70% cacaobestanddelen
150 g chocolade met minstens 50% cacaobestanddelen
6 eieren
125 g suiker
500 ml Cointreau
1 snufje zout

Verwarm de oven voor op 180 °C.

Vet een bakvorm met hoge randen van circa 25 cm doorsnee in met boter.

Breek de chocolade in stukjes en smelt ze in een grote pan op heel laag vuur of au bain-marie. Roer de chocolade zachtjes door tot een glad mengsel. Voeg dan de boter in blokjes toe en roer alles goed door tot een gladde massa. Haal de pan van het vuur.

Splits de eieren. Doe de eiwitten in een kom en zet die opzij.

Klop in een grote kom de eidooiers met 75 g suiker tot een schuimig mengsel. Voeg de Cointreau heel geleidelijk toe en blijf ondertussen stevig kloppen. Voeg de gesmolten chocolade toe en schep alles met een spatel voorzichtig om.

Doe de eiwitten samen met het snufje zout in een schone kom. Klop ze met een mixer op lage snelheid eerst los en schuimig, en mix ze daarna op de hoogste stand tot er stijve pieken ontstaan. Voeg ondertussen de rest van de suiker geleidelijk toe.

Spatel de stijfgeslagen eiwitten voorzichtig door het chocolademengsel. Schep het mengsel in de vorm en zet de vorm in de oven. Verlaag de oventemperatuur tot 150 °C en bak de taart 50 minuten.

Zet de oven uit en laat de taart – met de deur van de oven op een kier – langzaam afkoelen tot kamertemperatuur.

Eet deze taart met een lepeltje en geef er vanillesaus bij. Zet deze taart vooral niet in de koelkast!

Voor 8 personen ■ Voorbereidingstijd 15 min ■ Baktijd 30 min

Moelleux van chocolade en amandelen

200 g boter + 10 g voor de vorm
150 g hele, gepelde amandelen
200 g chocolade met minstens 60% cacaobestanddelen
5 eieren
170 g suiker
1/2 tl kaneel
1 snufje zout

Schuif een rooster boven in de oven en verwarm de oven voor op 180 °C.

Vet een bakvorm van circa 20 cm doorsnee in met boter.

Hak de amandelen fijn, zodat je een soort grof poeder krijgt.

Bak de fijngehakte amandelen in een koekenpan met antiaanbaklaag op laag vuur goudbruin.

Breek de chocolade in stukjes en smelt ze in een grote pan op heel laag vuur of au bain-marie. Roer de chocolade zachtjes door tot een glad mengsel. Voeg dan de boter in blokjes toe en roer alles goed door tot een gladde massa. Haal de pan van het vuur.

Splits de eieren. Doe de eiwitten in een kom en zet de kom opzij.

Klop de eidooiers met de suiker en de kaneel in een grote kom tot een luchtig mengsel. Voeg het chocolademengsel en de amandelen toe en schep alles met een spatel goed om.

Doe de eiwitten en het snufje zout in een schone kom. Klop ze met de mixer op de laagste stand eerst los en schuimig en voeg daarna de snelheid op om ze stijf te slaan. Spatel het eiwit voorzichtig door het chocolademengsel.

Schep het mengsel in de vorm. Bak de moelleux 30 minuten in de oven.

Je kunt de amandelen eventueel vervangen door hazelnoten.

VOOR 8-10 PERSONEN ■ VOORBEREIDINGSTIJD 10 MIN ■ BAKTIJD 45 MIN

Zachte gekruide chocoladecake

350 g bittere chocolade
300 g boter + 10 g voor de vorm
8 eieren
150 g suiker + 10 g voor de vorm
2 zakjes vanillesuiker
1 el bloem
2 el amandelpoeder
1 snufje zout
1/2 tl geraspte tonkaboon (naar keuze)
1 tl kaneel
1/2 tl geraspte gemberwortel
1/4 tl geraspte nootmuskaat

Verwarm de oven voor op 150 °C.

Breek de chocolade in stukjes en smelt ze in een grote pan op heel laag vuur of au bain-marie. Roer de chocolade zachtjes door tot een glad mengsel. Voeg dan de boter in blokjes toe en roer alles goed door tot een gladde massa. Haal de pan van het vuur.

Splits de eieren. Doe de eidooiers in een bakje en de eiwitten in een grote kom. Klop de eidooiers en de suikers met een mixer tot een bleek en luchtig mengsel. Spatel dit mengsel door de gesmolten chocolade en voeg ook de bloem en het amandelpoeder toe. Roer alles goed door.

Vet een bakvorm met hoge randen en een doorsnee van circa 25 cm in met boter en bestrooi de binnenkant met suiker.

Klop de 5 eiwitten en het snufje zout stijf en spatel ze voorzichtig door het chocolademengsel. Voeg de specerijen toe en roer alles goed door. Giet het mengsel in de bakvorm.

Bak de taart 45 minuten op een bakplaat in het midden van de oven.

Probeer een zachte cake of 'mi-cuit' nooit uit de vorm te halen: dien hem lauw op en geef er een lepel bij.

Voor 20 taartjes ■ Voorbereidingstijd 15 min ■ Baktijd 30 min

Knapperige taartjes

240 g chocolade met minstens 55% cacaobestanddelen
80 g zachte boter
4 eieren, gesplitst
170 g suiker
30 g bloem
30 g amandelpoeder
60 g geschaafde amandelen of pijnboompitten
1 snufje zout

Verwarm de oven voor op 120 °C.

Hak de chocolade fijn of rasp hem. Klop de boter met een mixer tot een licht en luchtig mengsel. Voeg de chocolade, de suiker, de eidooiers, de bloem, het amandelpoeder en het amandelschaafsel toe en roer alles na elke toevoeging stevig door.

Klop de eiwitten met het snufje zout stijf en spatel ze voorzichtig door het beslag.

Verdeel het beslag over 20 kleine wijd uitlopende bakvormpjes (het oppervlak dat blootstaat aan de warmte moet zo groot mogelijk zijn).

Bak ze 45 minuten in de oven.

Laat ze afkoelen en dien ze op.

VOOR 6 PERSONEN ■ VOORBEREIDINGSTIJD 20 MIN ■ BAKTIJD 8 MIN

Chocoladefondant uit de magnetron

200 g chocolade met minstens 50% cacaobestanddelen
120 g boter
1 kopje koffie (circa 70 ml)
4 eieren
60 g melasse of schenkstroop
120 g bloem

Smelt de chocolade samen met de boter en de koffie anderhalve minuut in de magnetron op 500 watt. Roer alles goed door en zet het mengsel opnieuw anderhalve minuut in de magnetron. Roer het door en houd het apart.

Klop de eieren met de melasse tot een luchtig mengsel. Voeg de bloem geleidelijk toe en roer het chocolademengsel erdoor. Giet het beslag in een siliconenvorm van circa 25 cm doorsnee.

Zet de vorm 3 minuten in de magnetron op 500 watt.

Laat de fondant rusten en zet hem dan nog eens 2 minuten in de magnetron.

Serveer de chocoladefondant lauw of koud.

Voor 6 personen ■ Voorbereidingstijd 20 min ■ Baktijd 35 min

Moelleux van chocolade en sinaasappel

200 g boter + 10 g voor de vorm
200 g pure chocolade met gekonfijte sinaasappelschilletjes
200 g chocolade met minstens 70% cacaobestanddelen
150 g suiker
3 grote eieren
30 g bloem (of 2 el)

Verwarm de oven voor op 180 °C.

Vet een bakvorm met hoge randen en een doorsnee van circa 23 cm in met boter.

Breek de chocolade in stukjes en smelt ze in een grote pan op heel laag vuur of au bain-marie. Roer de chocolade zachtjes door tot een glad mengsel. Voeg dan de boter in blokjes toe en roer alles goed door tot een gladde massa.

Haal de pan van het vuur en voeg onder voortdurend kloppen de suiker, de eieren – een voor een – en de bloem toe.

Schep het mengsel in de bakvorm en zet de vorm in de oven.

Verlaag de oventemperatuur meteen tot 150 °C en bak de taart 35 minuten.

Haal hem uit de oven en laat hem op een rooster afkoelen.

Mousses

Net als veel andere zogenaamde klassieke recepten kan chocolademousse de gemoederen flink bezighouden. Aanhangers van een luchtige mousse maken ruzie met liefhebbers van een vaste mousse, terwijl voorvechters van een 'snelle' chocolademousse debatteren met degenen die zweren bij een 'driedagen-mousse', die op hun beurt weer geërgerd raken door de fans van een mousse op basis van slagroom, die de adepten van een mousse op basis van boter weer versteld doen staan!

Om een beetje aan alle wensen tegemoet te komen – meer diplomatiek dan moedig dus – bied ik in dit hoofdstuk een recept voor elke groep aan. Er zit zelfs een recept bij van chocolademousse op basis van water (ja, ja!), om ook degenen die verwoede pogingen doen om caloriearm te eten, te kunnen laten genieten.

Chocolademoussegeheimen:

Probeer altijd twee soorten chocolade te mengen: bitter (circa 70%) en banketbakkerschocolade (circa 50%). Op deze manier krijgt de mousse een beter uitgebalanceerde smaak: is de chocolade te bitter, dan wordt de textuur vaak droog en moet je erg veel suiker toevoegen; is hij te zacht, dan vervaagt het aroma van de cacao en wordt de textuur al snel te vet.

1) Gebruik boter van goede kwaliteit, omdat de smaak en textuur daarvan van grote invloed zijn op het slagen van de mousse.

2) Voeg de boter pas toe als hij zacht is (fijn geprakt en gekneed). Maar laat hem niet smelten met de chocolade, want dan verliest hij zijn crème-achtige smaak.

3) Gebruik kakelverse eieren, omdat ze rauw zullen worden gegeten. En klop de eiwitten pas vlak voor gebruik stijf, anders zijn ze zo weer ingezakt.

4) Spatel eerst een derde van de stijfgeslagen eiwitten voorzichtig door het chocolademengsel en voeg de rest, op dezelfde manier, in twee keer toe.

5) Schep de mousse meteen in een mooie schaal, want je kunt hem later niet meer uit de vorm nemen (misschien een overbodige tip, maar je zult ze de kost geven ...).

6) Iedereen doet het natuurlijk op zijn eigen manier, maar toch raad ik je aan de mousse ten minste een nacht in de koelkast te laten opstijven.

7) Als de mousse rauwe eieren bevat, is hij niet langer dan 48 uur houdbaar in de koelkast.

Voor 6-8 personen ■ Voorbereidingstijd 20 min ■ Rusttijd 2 uur (minimaal)

Klassieke chocolademousse

400 g chocolade met minstens 70% cacaobestanddelen
100 g boter, in blokjes
10 eiwitten
100 g fijne tafelsuiker

Breek de chocolade in stukjes en smelt ze in een grote pan op heel laag vuur of au bain-marie. Roer de chocolade zachtjes door tot een glad mengsel. Voeg dan de boter toe en roer alles goed door tot een gladde massa. Haal de pan van het vuur.

Klop in een grote kom de eiwitten met een mixer stevig op. Voeg halverwege de suiker toe en klop net zolang tot zich stijve pieken vormen.

Schep een beetje van de stijfgeslagen eiwitten door het chocolademengsel om het wat luchtiger te maken en spatel het chocolademengsel dan door de rest van het eiwit.

Laat de mousse ten minste 2 uur rusten in de koelkast.

Chocolademousse met koffie en noten

30 g gepelde walnoten
200 g chocolade met minstens 70% cacaobestanddelen
100 g boter, in blokjes
50 ml sterke koffie
3 el notenolie
4 eieren
1 el suiker
1 snufje zout

Hak de walnoten fijn.

Breek de chocolade in stukjes en doe ze in een kom. Voeg ook de blokjes boter toe.

Schenk de hete koffie erbij en roer alles goed door. Blijf net zolang roeren tot de chocolade en de boter gesmolten zijn. Voeg dan de notenolie toe en roer weer goed.

Splits de eieren. Doe de eiwitten in een kom en zet de kom opzij.

Klop de eidooiers en de suiker tot een bleekgele, luchtige massa en schep deze met een spatel door het chocolademengsel. Voeg de walnoten toe en schep alles goed om.

Klop de eiwitten en het snufje zout met een mixer stijf en spatel ze voorzichtig door het chocolade-notenmengsel.

Dek de kom af met een stukje huishoudfolie en zet hem ten minste 24 uur in de koelkast.

Voor 4 personen ■ Voorbereidingstijd 20 min ■ Rusttijd 3 uur

Melkchocolademousse met passievruchten

100 ml slagroom
150 g melkchocolade + 50 g pure chocolade
40 g boter, in blokjes
2 eieren
150 g passievruchten (3 stuks)
2 zakjes vanillesuiker

Doe de slagroom in een kom en zet hem 15 minuten in de vriezer (of 1 uur in een heel koude koelkast).

Breek de chocolade in stukjes en smelt ze in een grote pan op heel laag vuur of au bain-marie. Roer de chocolade zachtjes door tot een glad mengsel. Voeg dan de boter toe en roer alles goed door tot een gladde massa. Haal de pan van het vuur.

Splits de eieren. Zet de eiwitten opzij en roer de eidooiers door het chocolademengsel.

Snijd de passievruchten doormidden en lepel het vruchtvlees eruit.

Haal de kom met room uit de vriezer en klop de room lichtjes op met een mixer. Voeg de vanillesuiker toe en klop de room nu met een mixer lobbig tot stijf. Mix niet te lang, want dan krijg je boter.

Spatel de room voorzichtig door het chocolademengsel. Voeg het vruchtvlees van de passievruchten toe en roer alles nog eens voorzichtig door.

Doe de eiwitten samen met het snufje zout in een schone kom. Klop ze met een mixer op de laagste stand eerst los en schuimig. Voer dan de snelheid op en sla de eiwitten tot stijve pieken.

Spatel het eiwit voorzichtig door het chocolade-passievruchtenmengsel. Schep telkens vanuit het midden naar de rand van de kom en draai tegelijk de kom om zijn eigen as.

Dek de kom af met huishoudfolie en zet hem ten minste 3 uur in de koelkast.

Je kunt deze mousse ook gebruiken om er een charlotte mee te maken, met in rum geweekte lange vingers.

Ultralichte mousse met muntthee

200 ml mineraalwater
1 takje verse munt
250 g pure chocolade met minstens 55% cacaobestanddelen

Breng het mineraalwater aan de kook.

Spoel ondertussen de muntblaadjes onder koud stromend water af.

Zodra het water kookt, haal je de pan van het vuur. Voeg de muntblaadjes toe en laat ze 5-10 minuten trekken.

Breek de chocolade in stukjes en doe ze in een hittebestendig schaaltje. Schenk de 'muntthee' door een zeef over de chocolade (zo haal je de blaadjes eruit). Smelt de chocolade au bain-marie door het schaaltje in een pan met kokend water te 'hangen'.

Als de chocolade gesmolten is, zet je het schaaltje in een grote bak gevuld met koud water en ijsblokjes.

Klop het chocolademengsel op tot slagroomdikte (in circa 5 minuten).

Dien deze mousse zo snel mogelijk op.

Stop tijdens de bereiding niet met kloppen. Blijf kloppen, anders wordt de mousse weer snel hard. Zet deze mousse niet in de koelkast: hij moet op kamertemperatuur blijven.

Je kunt de muntthee ook vervangen door water, jus d'orange of gewone thee.

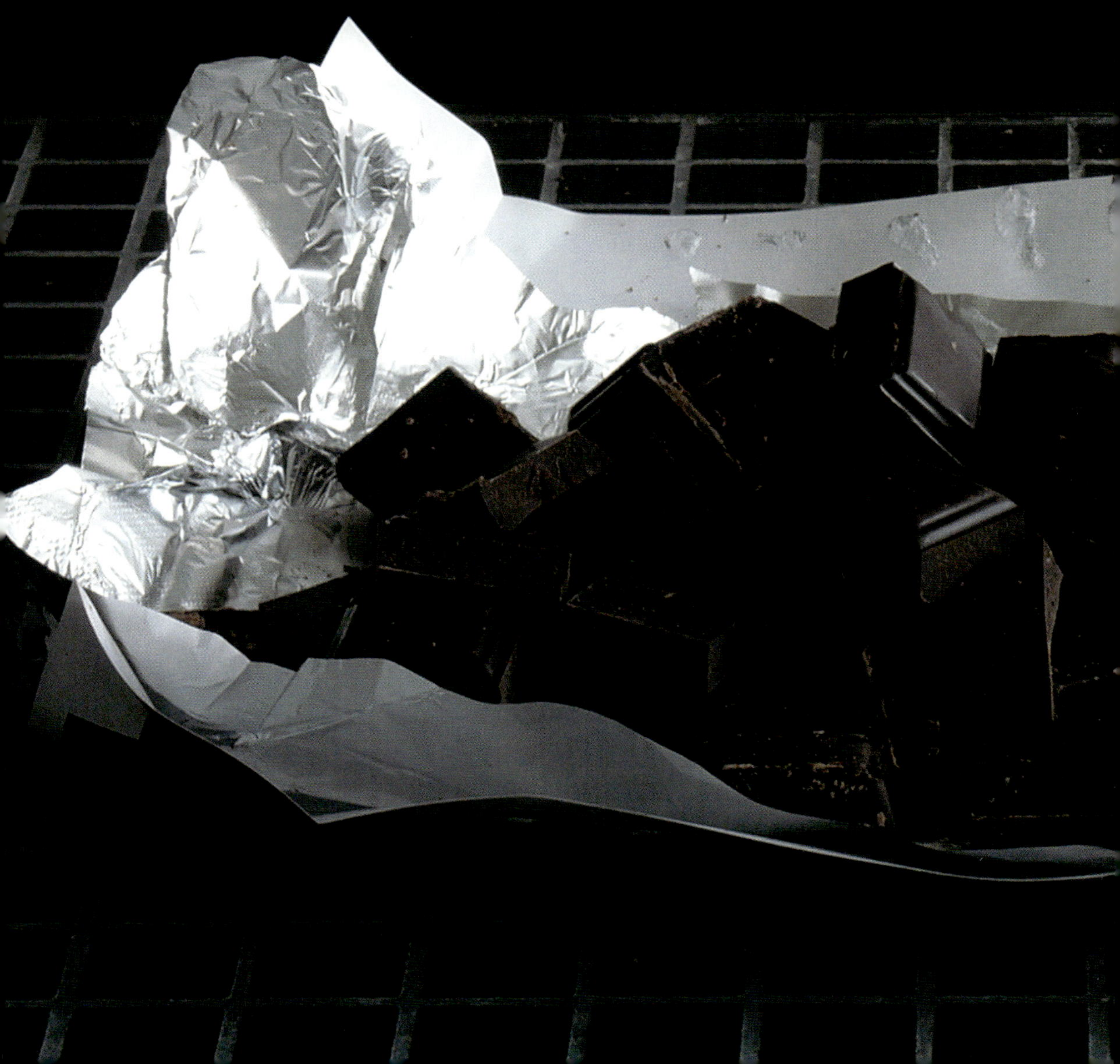

Voor 6-8 personen ■ Voorbereidingstijd 25 min ■ Rusttijd 12 uur (minimaal)

Tobleronemousse

200 g chocolade met minstens 70% cacaobestanddelen
200 g Toblerone
100 g boter, in blokjes
5 eieren + 1 eiwit
100 g fijne kristalsuiker

Breek de chocolade en de Toblerone in stukjes en smelt ze in een grote pan op heel laag vuur of au bain-marie. Roer ze zachtjes door tot een glad mengsel. Voeg dan de boter toe en roer alles goed door tot een gladde massa. Haal de pan van het vuur.

Splits de eieren. Doe de eiwitten in een kom en zet die opzij. Doe de eidooiers bij het chocolademengsel en roer alles krachtig door.

Klop de 6 eiwitten met een mixer tot stijve pieken. Voeg halverwege de suiker toe.

Schep een beetje van de stijfgeslagen eiwitten door het chocolademengsel om het wat luchtiger te maken en spatel het chocolademengsel dan door de rest van het eiwit.

Laat de mousse ten minste 12 uur rusten in de koelkast.

Voor 4 personen ■ Voorbereidingstijd 20 min ■ Baktijd 10 min ■ Rusttijd 24 uur (minimaal)

Choco-kastanjemousse

250 ml slagroom
200 g chocolade met minstens 70% cacaobestanddelen
200 g kastanjecrème
3 el cognac
1 el cacaopoeder
1 schuimgebakje (zonder toevoegingen)
4 eiwitten
1 snufje zout
1 el poedersuiker

Doe de slagroom in een kom en zet die 15 minuten in de vriezer.

Breek de chocolade in stukjes en smelt ze op heel laag vuur of au bain-marie. Roer de chocolade zachtjes door tot een glad mengsel. Haal de chocolade van het vuur en zet hem opzij.

Roer de kastanjecrème, de cognac, de cacao en de gesmolten chocolade in een grote kom zorgvuldig door elkaar.

Breek het schuimgebakje in kleine stukjes. Zet opzij.

Haal de kom met room uit de vriezer en klop de room met een mixer lobbig tot stijf. Klop niet te lang, want dan wordt de slagroom boter.

Doe de eiwitten samen met het snufje zout in een schone kom. Klop ze met een mixer op lage snelheid eerst los en schuimig en mix ze daarna op de hoogste stand tot stijve pieken. Voeg ondertussen geleidelijk de poedersuiker toe. Klop alles na het toevoegen van de suiker nog eens 30 seconden goed door.

Spatel eerst de stijfgeslagen eiwitten voorzichtig door het chocolademengsel en schep daarna de opgeklopte room er voorzichtig door.

Maak een bolvormige schaal een beetje vochtig en bekleed hem met huishoudfolie. Schep een derde van de mousse in de schaal en bestrooi hem met de helft van de schuimkruimels. Schep hier weer een derde deel mousse op en bestrooi deze laag met de rest van de kruimels. Eindig met een laag mousse. Strijk de bovenkant mooi glad met een paletmes.

Tik een paar keer met de onderkant van de schaal tegen het werkblad om eventuele luchtbellen eruit te halen. Zet de mousse ten minste 24 uur in de koelkast.

Muffins

Muffins – die kleine eenpersoonscakejes waar vooral het Engelssprekende deel van de wereldbevolking dol op is – behoren tot de zogenaamde culinaire cataplasma's: een soort universele medicijnen. Liefdesverdriet? Een probleem op het werk? Kinderen die niet ophouden met jengelen? Iemand zin in muffins? En je zult zien: binnen een uur zijn alle zorgen verdwenen. En het geeft niet als er niemand is om ze mee te delen. Je kunt heel goed in je eentje van een muffin genieten. En dan is er ook nog het enorme voordeel dat muffins eigenlijk niet kunnen mislukken, omdat de bereiding ervan zo ontzettend eenvoudig is.

Supertips voor supermuffins:

1) Wees niet bang voor kruimels. Muffindeeg hoeft niet superglad te zijn.

2) Vul muffinvormpjes maar voor twee derde met deeg, omdat muffins tijdens het bakken nog behoorlijk kunnen rijzen.

3) Pas de oventemperatuur goed aan de afmetingen van de vormpjes of bakjes aan.

4) Muffins smaken lauw het beste.

5) Je kunt het eenmaal bereide deeg meerdere keren gebruiken. Muffindeeg blijft 3-4 dagen goed in de koelkast.

Mini-chocolademuffins

60 g chocolade met minstens 50% cacaobestanddelen
300 g bloem
40 g cacaopoeder
1 zakje bakpoeder
1/2 tl zuiveringszout natron
1/2 tl zout salz
230 ml volle melk
200 g suiker
130 ml zonnebloemolie sonnenblumenöl
2 eieren
2 tl vanille-extract

Verwarm de oven voor op 180 °C.

Breek de chocolade in stukjes en smelt ze in een pannetje op heel laag vuur of au bain-marie. Haal de pan van het vuur en zet hem opzij.

Roer de bloem, de cacao, het bakpoeder, het zuiveringszout en het zout in een kom goed door. Als de cacao klontjes bevat, wrijf de droge ingrediënten dan nog even door een zeef. Zet opzij.

Meng in een andere kom de melk, de suiker, de olie, de eieren en het vanille-extract. Klop alles met een mixer tot een schuimig mengsel.

Maak een kuiltje in het midden van de droge ingrediënten en schenk hier het vloeibare mengsel in. Roer alles even kort door met een spatel.

Voeg de afgekoelde gesmolten chocolade toe en roer net zolang tot de chocolade volledig opgenomen is.

Klop alles met een mixer op lage snelheid circa 20 seconden goed door tot een glad beslag. Verdeel het beslag over een muffinblik – vul elke holte tot de rand.

Zet de muffins 15 minuten in de oven tot de bovenkant terugveert als je er met je vingers lichtjes op drukt. Haal de muffins uit de oven en laat ze 10 minuten afkoelen voor je ze uit de vorm neemt.

Voor 8 muffins ■ Voorbereidingstijd 15 min ■ Baktijd 12 min

Muffins van witte chocolade en frambozen

10 g boter voor de muffinvormpjes
270 g bloem
2 el bakpoeder
1 snufje zout
175 g fijne tafelsuiker
250 ml crème fraîche
2 eieren
1 tl vanille-extract
80 ml olie
150 g verse frambozen (of uit de diepvries)
110 g witte chocolade, in stukjes

Verwarm de oven voor op 180 °C.

Vet acht muffinvormpjes of ovenschaaltjes in met boter.

Zeef de bloem, het bakpoeder en het zout boven een kom en voeg de suiker toe. Roer alles goed door. Klop in een grote kom de crème fraîche, de eieren, het vanille-extract en de olie tot een gladde massa.

Schep deze gladde massa door de droge ingrediënten en roer alles voorzichtig door elkaar. Klop het deeg niet te lang, anders worden de muffins taai. Een beetje klonterig deeg geeft zachte, luchtige muffins!

Voeg de frambozen en de stukjes witte chocolade toe en schep alles nog even om.

Vul de muffinvormpjes (of ovenschaaltjes) voor twee derde met het deeg.

Zet ze circa 12 minuten in de oven. Controleer met bijvoorbeeld een satéprikker of de muffins gaar zijn: hij moet er schoon uitkomen.

Choco-banaanmuffins

30 g chocolade met minstens 60% cacaobestanddelen
25 g boter
20 g bloem
1 snufje bakpoeder
1 groot ei
1 snufje zout
1 zakje vanillesuiker
1/2 rijpe banaan

Breek de chocolade in stukjes en smelt ze met de boter 2 minuten in de magnetron op de ontdooistand. Roer alles goed door en meng de bloem en het bakpoeder door het chocolademengsel. Voeg het ei, het zout, de vanillesuiker en de geprakte banaan toe en schep alles goed om. Verdeel het deeg over twee ovenschaaltjes.

Zet de muffins anderhalve minuut in de magnetron op 750 watt. Laat ze afkoelen en haal ze uit de schaaltjes.

Schenk voor je ze opdient een chocoladeganache over de muffins.

Je kunt ook een snufje kaneel of gemberpoeder aan het deeg toevoegen.

Brood en chocolade

Mijn allereerste contact met chocolade: de reep in een stuk stokbrood, omwikkeld met aluminiumfolie, die mijn moeder in mijn schooltas stopte. Ik herinner me nog wat één enkele hap aan sensaties in mijn mond teweegbracht: de knapperige korst, het zachte kruim, de versheid van de boter en de dichtheid van de chocolade. En ook de heerlijke smaken staan nog steeds in mijn geheugen gegrift: de zuurheid van de tarwe en de frisheid van de zuurdesem, die een wonderbaarlijke combinatie aangingen met het bijna dierlijke aroma van de cacao.

Deze mysterieuze werking bleef door de jaren heen bestaan. Ik zal er dan ook nooit genoeg van krijgen om brood en chocolade met elkaar te combineren.

Dit is overigens ook de titel van een van mijn favoriete films: *Pane e cioccolata*, met Nino Manfreddi en Anna Karina in de hoofdrollen.

Deze film kwam in mijn geboortejaar uit. Ik kan dus met recht zeggen dat mijn sterrenbeeld Brood met ascendant Chocolade is.

Voor 1 broodje ■ Voorbereidingstijd 5 min ■ Baktijd 10 min

Stokbrood met cacao, een beetje warm

1/3 stokbrood
1 grote el puur cacaopoeder
10 g gezouten boter

Snijd aan één kant van het stokbrood de korst voorzichtig weg.

Haal met een lang, dun mes het kruim uit het stokbrood – zorg ervoor dat je de korst niet beschadigt. Als het goed is, heb je nu een soort 'broodworst'.

Meng de cacao en de boter tot een gladde pasta en bestrijk de binnenkant van het stokbrood mee.

Rooster het broodkruim goudbruin en leg het weer in de korst.

Meteen opeten!

De subtiliteit van dit recept zit hem in de contrasten. Gebruik dan ook een vers stokbrood, lekkere koude boter en rooster het broodkruim pas op het laatste moment. Een heerlijk recept voor een lekker tussendoortje dat ook bij kinderen zeer in de smaak zal vallen

foto: @ Julie

Boterham met lemon curd en chocolade

4 grote sneden meergranenbrood
4 el lemon curd
1 tl gemberpoeder
4 el geraspte chocolade met minstens 70% cacaobestanddelen

Rooster het brood in een broodrooster.

Meng ondertussen de lemon curd en de gember tot een gladde pasta.

Bestrijk de geroosterde boterhammen met de pasta en bestrooi ze met de geraspte chocolade.

Eet smakelijk!

Voor 2 personen ■ Voorbereidingstijd 10 min ■ Baktijd 6 min

Sandwiches met gesmolten chocolade

2 eieren
2 el melk
100 g chocolade met minstens 70% cacaobestanddelen en stukjes cacaoboon
4 sneden oudbakken casinobrood
25 g boter
1 el poedersuiker

Klop de eieren met de melk in een grote kom tot een luchtig mengsel.

Verdeel de chocolade over twee sneetjes brood – snijd de chocolade eventueel op maat – en leg de twee andere sneetjes erbovenop. Druk ze even lichtjes aan met de palm van je hand.

Verwarm de boter in een grote koekenpan op middelhoog vuur.

Haal de 'sandwiches' even door het ei-melkmengsel en bak ze dan 2-3 minuten aan elke kant goudbruin.

Haal ze uit de pan, laat ze uitlekken op keukenpapier en snijd ze in tweeën.

Bestuif ze met poedersuiker en dien ze lekker warm op, eventueel met een bolletje vanille-ijs.

(Mini-) chocoladebroodjes

olie voor het bakpapier
3 velletjes bladerdeeg (velletjes van 10 x 10 cm)
1 reep pure chocolade
1 eidooier

Verwarm de oven voor op 160 °C.

Bedek een bakplaat (die in je koelkast past) met bakpapier en vet dit met een kwastje lichtjes in met olie.

Spreid de velletjes bladerdeeg uit en snijd ze recht doormidden.

Breek de chocoladereep in stukjes.

Leg op elke deegstrook aan de korte kant een stukje chocolade en rol het deeg losjes op. Druk de randen dicht en leg de broodrolletjes op de bakplaat. Zet de bakplaat ten minste 10 minuten in de koelkast.

Klop de eidooier los en bestrijk de bovenkant van de broodjes ermee. Zet de broodjes in de oven en bak ze in 25 minuten gaar.

Dien de chocoladebroodjes lauw op en eet ze met je vingers!

Zet de broodjes voor het bakken in de koelkast. Door de temperatuurschok zullen de broodjes beter rijzen in de oven.

Deze broodjes zitten wat hun samenstelling betreft dichter bij een broodje van de bakker dan bij een gebakje van de banketbakker. Het voordeel van kant-en-klaar bladerdeeg is dat het veel minder boter bevat dan het bladerdeeg van banketbakkers. Dus geen vette vingers en geen schuldgevoel!

Taarten

Ik ben nooit gek geweest op vruchtentaarten. Het deeg vind ik vaak te dik of te droog, het fruit te zoet en de crème te dik.

Ik vind deze taarten eigenlijk ... echte taarten!

Hoe kan het dan dat de chocoladeversie me wel weet te bekoren? Zou het haar prachtige, strakke vorm zijn? Haar glimmende oppervlak? Of is het gewoon de aanwezigheid van chocolade? Al deze hoofdbrekens hebben er bij mij in elk geval voor gezorgd dat ik inmiddels een vurige aanhangster van de chocoladetaart ben – in al zijn varianten.

Wanneer je een verpletterende indruk wilt maken, kies dan voor de 'Taart too much'. Door zijn vele laagjes en texturen is deze taart wel enigszins bewerkelijk, maar het resultaat mag er zijn. Je zult hooguit gemopper te horen krijgen van vriendinnen die een tweede stuk taart niet konden weerstaan!

Voor het deeg heb je de keuze uit: kant-en-klaar deeg, huisgemaakt gezoet deeg op de manier van banketbakkers of 100% Julie: een mengsel van verkruimelde koekjes en boter, dat na een kort bezoek aan de oven een zeer verfijnde taartbodem oplevert.

Binnenweggetjes laten ons immers ook vaak de onvergetelijkste landschappen ontdekken!

Supertips voor supertaarten:

1) Als je het deeg zelf maakt, bereid dan een extra grote hoeveelheid. Je kunt dan een deel invriezen voor een volgende keer.

2) Als het deeg klaar is, omwikkel het dan met een stuk huishoudfolie en laat het ten minste 3 uur (liefst een nacht) in de koelkast rusten.

3) Als je zelf deeg maakt, neem dan wel een taartvorm met uitneembare bodem omdat dit deeg vaak kruimeliger is.

4) Taartdeeg wordt knapperiger als je het eenmaal uitgerold nog 30 minuten in de koelkast laat rusten.

5) Ga bij het bakken van de taart niet blind af op de aanwijzingen op de verpakking, maar vertrouw op je eigen gezonde verstand: zet de oven in elk geval nooit hoger dan 180 °C.

6) Als de taartbodem klaar is, laat hem dan eerst afkoelen voordat je hem garneert. Voeg de ganache echter toe wanneer hij nog warm is – zo blijft hij goed op de taart zitten als je de taart aansnijdt.

7) Zet de taart voor het opdienen ten minste 2 uur in de koelkast, maar haal hem er wel 15 minuten voor het serveren uit.

8) Tot slot voor de cacaoliefhebbers onder ons: je kunt natuurlijk altijd nog een extra glazuurlaagje van chocolade aanbrengen (200 g chocolade en 50 ml olie). Haal de taart in dat geval 10 minuten voor het serveren uit de koelkast.

Voor 6-8 personen ■ Voorbereidingstijd 10 min ■ Baktijd 5 min ■ Rusttijd 30 min + 2 uur

Taart van vloeibare chocolade

Voor de taart
300 g speculaas
1 tl gemberpoeder
1 snufje zout
75 g gesmolten boter

Voor de ganache
100 g chocolade met minstens 70% cacaobestanddelen
200 g chocolade met minstens 55% cacaobestanddelen
220 g boter, in blokjes
3 eieren
3 eidooiers
40 g poedersuiker
2 zakjes vanillesuiker

Verwarm de oven voor op 200 °C.

Het deeg bereiden
Verkruimel de speculaas en doe de kruimels in een grote kom. Voeg het gemberpoeder en het zout toe en roer alles goed door. Voeg de gesmolten boter toe en roer alles nog eens goed door met een vork.

Druk het kruimeldeeg stevig op de bodem en tegen de kanten van een taartvorm met uitneembare bodem. Zet de vorm ten minste 30 minuten in de vriezer.

De ganache bereiden
Breek de chocolade in stukjes en smelt ze in een grote pan op heel laag vuur of au bain-marie. Roer de chocolade zachtjes door tot een glad mengsel. Voeg dan de boter toe en roer alles goed door tot een gladde massa. Haal de pan van het vuur.

Klop de eieren, de eidooiers en de poeder- en vanillesuiker tot een schuimig mengsel.

De taart maken: haal de taartbodem uit de vriezer.

Spatel het chocolademengsel door het eimengsel en verdeel het over de taartbodem.

Zet de taart in de oven en bak hem in 5 minuten gaar. Laat hem ten minste 2 uur (of een nacht) op kamertemperatuur rusten.

Let op! Zet deze taart niet in de koelkast, maar bewaar hem op kamertemperatuur.

Voor 10-12 personen ■ Voorbereidingstijd 25 min ■ Rusttijd 5 uur ■ Baktijd 35 min

Taart too much

80 g boter + 30 g voor de vorm
250 g Bretonse galetten (of speculaas)
150 g noten naar keuze: walnoten, pistachenoten, geschaafde amandelen, pijnboompitten (of een mix)
100 g chocolade met minstens 70% cacaobestanddelen
200 g suiker
200 ml slagroom + 2 grote eetlepels
1 snufje zout
150 g melkchocolade

Verwarm de oven voor op 180 °C.

Vet een taartvorm van circa 26 cm doorsnee en een uitneembare bodem in met boter.

Smelt 100 g boter in een pannetje op laag vuur.

Verkruimel de koeken, voeg de boter toe en mix alles tot een dik, glad deeg.

Druk het kruimeldeeg stevig op de bodem en tegen de kanten van de taartvorm. Zet de vorm 7 minuten in de oven.

Haal de taartbodem uit de oven en laat hem op een rooster afkoelen.

Bedek een bakplaat met aluminiumfolie en leg hier de noten op.

Rooster ze 10-15 minuten in de oven, onder af en toe roeren.

Breek de chocolade in stukjes en smelt ze op heel laag vuur of au bain-marie. Roer de chocolade met een spatel voorzichtig door tot een glad mengsel en breng daarvan een laagje op de afgekoelde taartbodem aan.

Je kunt ook een halve theelepel kaneel bij de melkchocolade doen of een halve theelepel gemberpoeder bij het taartdeeg.

Verdeel de noten erover. Druk ze lichtjes aan en zet de taart even in de koelkast.

Breng de suiker met 2 eetlepels water in een pan met dikke bodem (bij voorkeur van koper of gietijzer, want deze materialen zorgen voor een goede warmteverdeling) aan de kook en laat hem verkleuren zonder door te roeren.

Zodra de suiker een mooie goudbruine kleur heeft, haal je de pan van het vuur. Voeg al kloppend 200 ml room en 30 g boter toe. Voeg het snufje zout toe en zet de pan nog eens 2 minuten op het vuur, tot het mengsel bijna kookt.

Haal de pan weer van het vuur. Laat het mengsel afkoelen en schenk het over de taart. Zet de taart ten minste 5 uur in de koelkast.

Haal de taart 15 minuten voor het opdienen uit de koelkast.

Smelt de melkchocolade, de 2 extra eetlepels room en een eetlepel water in een pannetje op laag vuur onder voortdurend roeren.

Laat het mengsel afkoelen en schenk het over de taart, zodat deze er helemaal mee wordt bedekt. Bewaar de taart tot het moment van aansnijden op kamertemperatuur.

Verrassende frambozentaart

Voor het zanddeeg
100 g bloem, 1 ei + 1 eidooier, 50 g poedersuiker,
1 zakje vanillesuiker, 50 g zachte boter, 1 snufje zout

15 g boter voor de vorm
200 g pure chocolade
250 ml slagroom
1/2 tl chilipoeder
300 g frambozen
1 el poedersuiker

Verwarm de oven voor op 180 °C.

Zeef de bloem in een kom. Maak een kuiltje in het midden en breek hierin het ei. Voeg de eidooier en daarna de poedersuiker en vanillesuiker toe. Voeg de in stukjes gesneden boter en het snufje zout toe en werk alles met een spatel of koude handen snel door elkaar. Vorm een bol van het deeg. Wikkel de bol in plasticfolie en laat hem 1 uur rusten in de koelkast.

Rol het deeg uit. Druk het stevig op de bodem en tegen de kanten van een goed ingevette taartvorm met uitneembare bodem. Dek het deeg af met bakpapier en zet hier een iets kleinere bakvorm op of leg er rijst of gedroogde peulvruchten op.

Zet de vorm in de oven en bak de taartbodem in 15-20 minuten gaar, tot de randen van het deeg licht verkleurd zijn.

Hak de chocolade fijn.

Breng de room samen met het chilipoeder aan de kook. Haal de pan van het vuur en voeg de chocolade toe. Blijf net zolang roeren tot de chocolade gesmolten is. Zet de pan opzij.

Haal de taartbodem uit de oven en laat hem 5 minuten op een rooster afkoelen.

Verdeel de chocoladeroom over de taartbodem. Strijk alles met een spatel glad en leg de frambozen erbovenop.

Laat de taart 30 minuten op kamertemperatuur rusten en zet hem dan in de koelkast.

Bestuif de taart vlak voor het opdienen met poedersuiker.

Voor 8 personen ■ Voorbereidingstijd 20 min ■ Rusttijd 5 uur

Cassata Siciliana

Voor de taartbodem
75 g boter
200 g chocoladekoekjes

Voor de vulling
100 ml slagroom
500 g ricotta
100 g poedersuiker
1 tl vanille-extract
2 el cacaolikeur (of 1 el Cointreau of Grand Marnier)
25 g gekonfijte sinaasappelschilletjes
100 g pure chocolade (liefst met stukjes cacaoboon)

Doe de room in een grote kom en zet die 15 minuten in de vriezer (of 1 uur in een heel koude koelkast).

Smelt de boter en verkruimel de koekjes tot heel fijn.

Meng de boter en de verkruimelde koekjes tot een glad deeg en druk dat stevig op de bodem en tegen de kanten van een taartvorm met uitneembare bodem.

Zet de taartvorm in de vriezer en maak ondertussen de vulling klaar.

Klop de ricotta, de poedersuiker, de vanille en de likeur tot een luchtig mengsel.

Snijd de gekonfijte sinaasappelschilletjes in blokjes en hak de chocolade fijn.

Roer de sinaasappelschilletjes en de helft van de chocolade door het ricottamengsel.

Haal de kom met slagroom uit de vriezer of koelkast en klop de room met de mixer lobbig tot stijf. Mix niet te lang, want dan klop je de room tot boter.

Spatel de opgeklopte room voorzichtig door het chocolade-ricottamengsel.

Verdeel het mengsel over de taartbodem en dek de taart af met huishoudfolie. Zet hem 5-12 uur (niet langer) in de koelkast.

Neem de taart uit de vorm en zet hem op een schaal.

Bestrooi de taart vlak voor het opdienen met de rest van de fijngehakte chocolade.

Leg de gardes van de mixer ook even in de vriezer. Zo ben je er zeker van dat je slagroom lukt!

Je kunt de chocoladekoekjes ook eens vervangen door andere koekjes. De cacaolikeur (25% vol.) is een mengsel van cacaobonen en gezoete alcohol. Het cacao-aroma overheerst dus, evenals een licht bittere smaak.

Voor 6 personen ■ Voorbereidingstijd 15 min ■ Baktijd 30 min ■ Rusttijd 30 min

Choco-kaneeltaart

10 g boter voor de vorm
200 g kruimeldeeg (120 g bloem, 60 g boter, 30 g suiker)
40 g amandelpoeder
300 ml slagroom
1 kaneelstokje
250 g chocolade met minstens 50-60% cacaobestanddelen
1 zakje vanillesuiker
1 ei
30 g geraspt kokos

Verwarm de oven voor op 160 °C.

Vet een bakvorm in met boter.

Bereid het deeg en rol het op een werkblad uit.

Bestrooi de helft van het deeg met amandelpoeder en rol er met een deegroller voorzichtig overheen om het poeder in het deeg te drukken.

Strooi de rest van het amandelpoeder in de taartvorm. Bekleed de vorm met het deeg en prik met een vork wat gaatjes in de bodem. Zet de vorm 25 minuten in de oven, tot het deeg lichtjes begint te verkleuren.

Breng ondertussen de room met het – in tweeën gebroken – kaneelstokje aan de kook. Haal de pan van het vuur en voeg de chocolade in stukjes en de vanillesuiker toe. Laat de chocolade smelten, verwijder het kaneelstokje en roer alles met een garde goed door.

Haal de taartbodem uit de oven. Zet de oven uit en doe het deurtje dicht.

Klop nu het ei stevig door het chocolademengsel en verdeel het mengsel over de taartbodem. Zet de taart nog 30 minuten in de oven.

Bewaar de taart in de koelkast.

Bestrooi de choco-kaneeltaart voor het opdienen met geraspt kokos.

Vervang de kaneel door steranijs.

Voor 6-8 personen ■ Voorbereidingstijd 30 min ■ Rusttijd 1-3 uur ■ Baktijd 25 min

Taart van melkchocolade, banaan en passievrucht

2 rijpe bananen
150 ml slagroom
200 g melkchocolade
6 passievruchten

Voor het zoete chocoladedeeg
150 g bloem
100 g bruine suiker
2 el cacaopoeder
60 g amandelpoeder
80 g zachte boter + 10 g voor de vorm
1/2 ei, 1 snufje zout

Meng in een middelgrote kom de bloem, de bruine suiker, de cacao en het amandelpoeder. Voeg de zachte boter toe en kneed alles goed door. Voeg het halve ei en het zout toe en kneed alles nogmaals goed door. Vorm een bal van het deeg, wikkel hem in huishoudfolie en leg hem 30 minuten in de koelkast.

Verwarm de oven voor op 200 °C.

Vet een grote bakvorm met uitneembare bodem in met boter.

Haal het deeg uit de koelkast, verwijder de folie en rol het deeg met een deegroller uit. Druk het stevig op de bodem en tegen de kanten van de taartvorm. Prik er met een vork hier en daar gaatjes in en zet de taartvorm op een rooster 25 minuten in de oven.

Haal de taart uit de oven. Pel de bananen, prak ze fijn en verdeel de bananenmoes over de nog warme taartbodem.

Breng de room aan de kook, voeg de chocolade in stukjes toe en roer alles goed door. Schenk dit mengsel over de banaan.

Laat de taart 3 uur in de koelkast of 1 uur in de vriezer opstijven.

Snijd de passievruchten doormidden en lepel het vruchtvlees eruit. Bestrijk de bovenkant van de taart ermee. Zet de taart weer in de koelkast. Haal hem 30 minuten voor het opdienen uit de koelkast.

VOOR 8 PERSONEN ■ VOORBEREIDINGSTIJD 20 MIN ■ BAKTIJD 45 MIN ■ RUSTTIJD 15 MIN

Romige taartjes met bittere amandel

VOOR DE TAARTBODEM
50 G PURE CHOCOLADE
225 G AMARETTIKOEKJES
80 G BOTER

VOOR DE VULLING
150 G PURE CHOCOLADE
100 G AMANDELSPIJS
50 G SUIKER
100 ML AMARETTO
200 G ROOMKAAS
250 G CRÈME FRAÎCHE
3 EIEREN

Verwarm de oven voor op 160 °C.

Hak voor de taartbodem de chocolade heel fijn met een mes. Verpulver de amarettikoekjes en meng de koekkruimels en chocoladesnippers samen met de gesmolten boter in een kom tot een deeg. Druk het deeg stevig op de bodem en tegen de kanten van een kleine taartvorm met uitneembare bodem. Zet de vorm in de vriezer.

Breek voor de vulling de chocolade in stukjes en smelt ze op heel laag vuur of au bain-marie. Roer de chocolade zachtjes door tot een glad mengsel. Klop de amandelspijs, de suiker en de amaretto met een mixer tot een glad mengsel. Voeg de roomkaas en de crème fraîche toe en blijf ondertussen kloppen. Schenk dan de gesmolten chocolade erbij, voeg de eieren een voor een toe en blijf mixen op lage snelheid (er mag niet te veel lucht in het mengsel komen).

Haal de taartbodem uit de vriezer en schep de vulling erop.

Bak de taart 45 minuten in de oven.

Zet de oven uit en laat de taart nog 15 minuten in de oven staan. Zodra de taart op kamertemperatuur is, dek je hem af met huishoudfolie en zet je hem in de koelkast. Neem de taart pas uit de vorm nadat hij helemaal afgekoeld is.

VOOR 8 PERSONEN ■ VOORBEREIDINGSTIJD 30 MIN ■ BAKTIJD 5 MIN ■ RUSTTIJD 30 MIN + 3 UUR

Cheesecake met chocolade en karamel

170 g gesmolten boter + 20 g voor de vorm
250 g chocoladezandkoekjes
2 el bruine suiker
300 ml slagroom
50 g melkchocolade, in stukjes
3 tl gelatine
500 g smeerkaas
110 g suiker
3 Marsrepen

Vet een taartvorm met uitneembare bodem en een doorsnee van 20 cm in met boter.

Vermaal de koekjes tot een fijn paneermeel. Voeg 150 g boter toe en mix het geheel tot een glad deeg. Druk het deeg stevig op de bodem en tegen de kanten van de taartvorm. Dek de bodem af met huishoudfolie en zet de vorm in de koelkast tot het deeg stevig is (circa 30 minuten).

Breng de bruine suiker, de rest van de boter en 2 eetlepels room in een pannetje aan de kook en laat het geheel een minuutje koken, tot je een vloeibare karamel hebt. Haal de pan van het vuur.

Verwarm de chocolade en 2 eetlepels room in een ander pannetje op laag vuur en roer net zolang tot de chocolade volledig gesmolten is. Je kunt het mengsel ook 1 minuut in de magnetron verwarmen op maximaal vermogen – roer het mengsel dan twee keer goed door.

Doe de rest van de room in een kom en zet de kom in de vriezer.

Week de gelatine in wat water in een vuurvast schaaltje en laat de gelatine dan au bain-marie smelten, onder regelmatig roeren. Laat hem afkoelen.

Klop de smeerkaas en de suiker in een kommetje tot een glad mengsel.

Haal de kom met room uit de vriezer en klop de room met een mixer lobbig tot stijf. Klop niet te lang, want dan krijg je boter.

Schep de lauwe gelatine bij het kaasmengsel en voeg ook de Marsrepen in stukjes toe. Spatel dan de slagroom erdoor.

Schep de helft van het mengsel in de taartvorm en schenk de helft van de karamel- en van de chocoladesaus erover. Voor een marmereffect: strijk met bijvoorbeeld een satéstokje heen en weer over de taartvulling. Herhaal deze stappen met de rest van de ingrediënten. Dek de cheesecake af met huishoudfolie en laat hem circa 3 uur in de koelkast opstijven.

Notentaart

Voor het kruimeldeeg met noten

90 g zachte boter + 10 g voor de vorm
90 g poedersuiker
1 ei
125 g bloem
125 g amandelpoeder
2 snufjes zout

Voor de vulling

200 ml slagroom
1 el sterke koffie
2 volle el suiker
250 g chocolade met minstens 70% cacaobestanddelen
15 hele hazelnoten
50 g boter, in blokjes
1 ei

Doe voor het deeg de zachte boter en de gezeefde poedersuiker in een kom. Klop de boter en de suiker tot een luchtig mengsel. Voeg het ei toe en roer alles goed door elkaar. Voeg de bloem, het amandelpoeder en het zout toe. Kneed het deeg goed door en vorm er een bal van. Dek het deeg af met huishoudfolie en leg het 4 uur in de koelkast.

Verwarm de oven voor op 180 °C. Vet een bakvorm in met boter.

Haal het deeg uit de koelkast en verdeel het in twee ballen.

Wikkel een van de twee ballen in huishoudfolie en bewaar hem vier dagen in de koelkast of enkele maanden in de vriezer voor een andere toepassing. Verdeel de andere bal deeg in een dunne en regelmatige laag in de bakvorm.

Bedek het deeg met aluminiumfolie en leg hier rijst of gedroogde peulvruchten op – dit om het bol staan van het deeg te voorkomen. Bak de taartbodem in 30 minuten gaar.

Haal de taartbodem uit de oven en laat hem op een rooster afkoelen.

De vulling bereiden: breng de room samen met de koffie en de suiker in een pannetje aan de kook.

Breek ondertussen de chocolade in stukjes en hak de hazelnoten met een mes fijn.

Haal de pan van het vuur zodra het roommengsel kookt en voeg de chocolade toe. Roer het mengsel stevig door en voeg de noten, de boter en het (geklopte) ei toe. Roer alles goed door tot een gladde massa.

Laat het chocolade-notenmengsel lauw worden. Schenk het op de taartbodem en laat het dan helemaal afkoelen voordat je de taart in de koelkast zet.

Van alles

met chocolade

Chocoladetartaar met gember en ontbijtkoek

120 g pure chocolade
35 g ontbijtkoek
35 g gekonfijte gember
35 g noten
1/2 tl chilipoeder
1 tl vanillesuiker
1 spuitbus slagroom
2 eieren of 4 halve lege eierschalen (ter decoratie)
100 ml jus d'orange

Hak de chocolade met een mes fijn tot kleine schilfertjes.

Snijd de ontbijtkoek en de gember in blokjes.

Vermaal de noten.

Roer de chocolade, de ontbijtkoek, de gember en de noten in een kom met een lepel goed door. Voeg het chilipoeder en de vanillesuiker toe en roer alles nog eens goed door.

Voeg 4 eetlepels slagroom toe en roer alles voorzichtig door.

Verdeel de 'tartaar' over vier ijscoupes en garneer alles met een toefje slagroom.

Breek de eieren. Bewaar de inhoud voor een andere toepassing en spoel de eierschalen af. Vul de eierschalen met jus d'orange en zet ze in het midden van een bord of een ijscoupe neer.

Dien de chocoladetartaar meteen op. Schenk de jus d'orange er vlak voor het opeten overheen.

Je kunt de gember ook vervangen door 45 g gekonfijte kersen.

Voor 6-8 personen ■ Voorbereidingstijd 15 min ■ Baktijd 25 min

Driekoningenbrood met chocolade

2 eieren + 1 ei voor het eigeellaagje
100 g poedersuiker
1 zakje vanillesuiker
1 snufje zout
130 g zachte boter
1 el rum
30 g cacaopoeder
130 g amandelpoeder
velletjes bladerdeeg
1 boon

Verwarm de oven voor op 180 °C.

Breek de eieren in een kom en voeg de poeder- en vanillesuiker, het zout en de boter toe. Prak alles met een vork tot een crèmeachtig mengsel.

Voeg de rum, de cacao en het amandelpoeder toe en roer alles nog eens goed door.

Bedek een bakplaat eerst met bakpapier en dan met bladerdeeg.

Bestrijk het deeg met het amandelmengsel – houd aan alle kanten 1 cm onbedekt.

Leg de boon in het midden.

Klop het ei in een kommetje los met een vork.

Breng het ei met een kwastje aan op de rand van het deeg. Bedek de eerste laag deeg met een tweede laag bladerdeeg. Druk de randen met je vingers stevig op elkaar en maak hierin inkepingen met de punt van een mes.

Teken op het 'brood' ruitjes met de punt van bijvoorbeeld een mes en maak op deze manier vier tot vijf rijen. Bestrijk de bovenkant met losgeklopt ei en zet de bakplaat in de oven.

Bak het brood 25 minuten tot de bovenkant er goudbruin uitziet.

Voor 4 personen ■ Voorbereidingstijd 20 min ■ Baktijd 10 min

Kandeel met chocolade

150 ml volle melk
50 g chocolade met minstens 70% cacaobestanddelen
4 eidooiers
40 g suiker
1 el cacaolikeur

Breng de melk aan de kook.

Breek de chocolade ondertussen in stukjes.

Haal de melk van het vuur en voeg de chocolade toe. Laat de chocolade smelten in de warme melk. Roer alles goed door.

Klop de eidooiers met de suiker tot een luchtig mengsel in een kommetje boven een pan met kokend water (dat wil zeggen: au bain-marie). Schenk de chocolademelk er onder voortdurend kloppen (ten minste 10 minuten) geleidelijk bij tot je een dikke, schuimige room hebt. Schraap de wanden af en toe schoon met een spatel. Wanneer de room vast begint te plakken aan de wanden en de bodem van het kommetje, haal je de kom meteen van de warmtebron en roer je het geheel stevig door – schraap dan ook vooral goed over de bodem van het kommetje.

Roer de likeur door het mengsel.

Schenk de kandeel in vier trechtervormige glaasjes of ijscoupes. Serveer hem warm met amarettikoekjes.

VOOR 4 PERSONEN ■ VOORBEREIDINGSTIJD 25 MIN ■ BAKTIJD 5 MIN ■ VRIESTIJD 1 UUR

Bananenlolly's met kokos en chocolade

2 niet al te rijpe bananen
4 lollystokjes
150 g pure chocolade
60 g boter
1 snufje zout
50 g geraspt kokos

Pel de bananen en snijd ze in de lengte doormidden. Duw in elke bananenhelft een lollystokje en leg de bananenlolly's op een velletje vetvrij papier. Laat ze 1 uur in de vriezer opstijven.

Breek de chocolade in stukjes en snijd de boter in blokjes.

Smelt de chocolade in een pannetje op heel laag vuur. Roer de chocolade zachtjes door tot een glad mengsel. Voeg de boter en het zout toe en roer alles goed door.

Strooi het kokos in een diep bord.

Dompel de ijskoude bananenlolly's in het lauwwarme chocolademengsel en rol ze vervolgens door het kokos. Leg ze daarna op het vetvrije papier.

Dien ze meteen op of bewaar ze in de koelkast.

Geribde crêpes met chocolade

Voor circa 20 crêpes * Voorbereidingstijd 10 min * Koeltijd 1 nacht * Baktijd 2 min * Rusttijd 1 uur

1 vanillestokje, 500 ml melk, 30 g boter + 10 g voor het bakken, 3 eieren, 180 g suiker, 100 ml bruine rum, 100 g bloem, 50 g cacaopoeder

Snijd het vanillestokje in de lengte open en schraap het merg er met een lepeltje uit.

Breng het vanillestokje en het merg met de melk in een pannetje aan de kook. Schenk de melk in een bakje, laat hem afkoelen en zet hem een hele nacht in de koelkast.

De volgende dag: smelt de boter en laat hem afkoelen.

Breek de eieren in een grote kom en klop ze met de suiker tot een schuimig mengsel.

Voeg de rum, de boter, de bloem, de cacao en de vanillemelk onder voortdurend kloppen toe. Dek de kom af met huishoudfolie en laat het beslag 1 uur rusten in de koelkast. Verhit een koekenpan met antiaanbaklaag en bestrijk de bodem met een beetje boter.

Schenk een halve soeplepel beslag in de pan en verdeel het gelijkmatig over de hele bodem van de pan door de pan in alle richtingen te draaien. Bak de crêpe 2 minuten op middelhoog vuur en keer hem om. Bak deze kant 1 minuut. Rol de crêpe op en bak de volgende.

Het lastigste van het maken van geribde crêpes is dat je een pan of bakplaat met een geribd oppervlak moet aanschaffen. Maar met dit recept kun je ook zonder zo'n speciale pan genieten van het aroma en de knapperigheid van deze bijzondere crêpes.

Heel lichte crêpes met chocolade

120 G BLOEM
25 G SUIKER + DE GEWENSTE HOEVEELHEID OM DE CRÊPES MEE TE GARNEREN
1 VOLLE EL CACAOPOEDER
3 GROTE EIEREN
750 ML HALFVOLLE MELK
3 EL RUM
10 G BOTER VOOR HET BAKKEN

Meng in een grote kom de bloem, de suiker en de cacao met een garde goed door elkaar. Voeg de eieren een voor een toe en schenk onder voortdurend kloppen de melk en de rum erbij.

Verhit een koekenpan met antiaanbaklaag op middelhoog vuur en smelt hierin de boter.

Schenk een halve soeplepel beslag in de pan en verdeel het gelijkmatig over de bodem van de pan door de pan in alle richtingen te draaien.

Bak de crêpe 2 minuten op middelhoog vuur en bestrooi hem met suiker.

Rol de crêpe op en bak de volgende.

Als je de crêpes soepel en zacht wilt houden, bak ze dan niet aan beide kanten en warm ze niet meer op. Deze crêpes kunnen ook heel goed lauw gegeten worden! Je kunt de crêpes ook beleggen met een beetje gezouten boter of bestrooien met een beetje kaneel.

Voor 4 personen ■ Voorbereidingstijd 15 min ■ Baktijd 3 min ■ Rusttijd 3 uur

Wafels met een schat

100 ml slagroom
100 g pure chocolade met minstens 70% cacaobestanddelen
200 g rijpe aalbessen of ander klein rood fruit
1 zakje vanillesuiker
1 eiwit
1 snufje zout
4 wafels
poedersuiker

Doe de room in een kom en zet hem 20 minuten in de vriezer. Smelt ondertussen de chocolade en laat hem bij kamertemperatuur rusten. Spoel de aalbessen af met koud water en ris de besjes van de steeltjes.

Klop de room met een mixer lobbig tot stijf en voeg op het laatst het zakje vanillesuiker toe. Bewaar de room in de koelkast.

Klop het eiwit met het snufje zout in een kom stijf. Spatel het eiwit en de room voorzichtig door de chocolade en laat het geheel ten minste 3 uur in de koelkast opstijven.

Verwarm de wafels enkele minuten in een oven van 210 °C of in een broodrooster.

Schep het chocolademengsel in een spuitzak en vul de hokjes van de wafels ermee. Duw hier en daar een of twee aalbessen in de hokjes, bestuif het geheel met poedersuiker en... smullen maar!

Ik gebruik nooit een echte spuitzak, maar geef de voorkeur aan een 'wegwerpspuit': een plastic boterhamzakje waar ik een puntje afknip. Simpel en hygiënisch!

foto: @ Julie

Voor 6-8 personen ■ Voorbereidingstijd 15 min ■ Baktijd 5 min

Clafoutis met kersen en chocolade

200 ml slagroom
50 g suiker
2 eieren
100 g amandelpoeder
30 g bloem
1 snufje zout
70 g pure chocolade met minstens 70% cacaobestanddelen
1 flinke el amaretto
40 kersen
20 g geschaafde amandelen

Verwarm de oven voor op 160 °C.

Klop de room en de suiker in een kom tot een luchtig mengsel. Voeg de eieren, het amandelpoeder, de gezeefde bloem en het zout toe en roer alles goed door.

Smelt de chocolade en spatel hem samen met de amaretto door het roommengsel.

Vet vier ovenschaaltjes in. Verdeel de gewassen kersen (met pit) over de schaaltjes. Zorg ervoor dat ze niet boven op elkaar liggen.

Vul de schaaltjes tot de rand met het chocolade-roommengsel.

Zet de schaaltjes 18 minuten in de oven. Haal ze uit de oven en laat ze afkoelen.

Bestrooi de clafoutis met de amandelen en dien ze op kamertemperatuur op.

VOOR EEN TAART VOOR 6-8 PERSONEN ■ VOORBEREIDINGSTIJD 15 MIN ■ BAKTIJD 5 MIN

Risottochoco alla milanese

50 g gedroogde vijgen
50 g chocolade met minstens 60-70% cacaobestanddelen
1 zakje zwarte thee (van goede kwaliteit)
40 g boter
120 g risottorijst
100 ml witte wijn
mespunt saffraanpoeder
1 el poedersuiker
20 g fijngestampte noten
1 snufje fleur de sel

Snijd de vijgen en de chocolade in kleine stukjes. Zet ze opzij.

Breng voor de thee 600 ml water in een pannetje aan de kook. Haal de pan van het vuur en voeg het theezakje toe. Laat de thee 4 minuten trekken. Verwijder het theezakje, zet de pan weer op het vuur en laat de thee zachtjes koken.

Smelt de helft van de boter in een koekenpan en bak hierin de rijst 2 minuten al roerend met een houten lepel.

Voeg de witte wijn toe, roer 1 minuut en voeg dan heel geleidelijk de thee toe. Blijf roeren tot het vocht volledig door de rijst is opgenomen.

Proef de rijst na circa 18 minuten koken. Hij moet dan gaar en nog steeds erg 'vochtig' zijn (je hoeft niet per se alle thee te gebruiken).

Voeg de saffraan, de poedersuiker en de vijgen toe en roer alles goed door.

Haal de pan van het vuur, voeg de rest van de boter en de chocolade toe. Dek de pan af en laat het geheel 5 minuten staan, zodat de boter en de chocolade kunnen smelten.

Bak ondertussen de noten in een koekenpan met antiaanbaklaag goudbruin.

Roer de rijst goed door en verdeel hem over een aantal kleine kommetjes.

Schenk er vlak voor het opdienen nog wat hete thee overheen. Voeg het snufje fleur de sel toe en strooi de nootjes erover.

Voor 4 personen ■ Voorbereidingstijd 15 min ■ Baktijd 5 min

Chocoladetompoezen

200 g pure chocolade, in stukjes
6 eieren
1 snufje zout
2 tl boter
2 vellen filodeeg
1 el poedersuiker
2 tl praline
1 el cacaopoeder

Smelt de chocolade op heel laag vuur of au bain-marie. Roer met een spatel voorzichtig tot je een glad mengsel hebt. Haal de pan van het vuur en laat de chocolade afkoelen.

Splits de eieren. Doe de eiwitten in een kom en zet die opzij. Roer de eidooiers een voor een door de gesmolten chocolade en klop het geheel nog eens stevig door.

Klop de eiwitten en het snufje zout met een mixer op lage snelheid eerst los en schuimig en daarna op de hoogste stand tot stijve pieken. Spatel de stijfgeslagen eiwitten voorzichtig door het chocolade-eimengsel.

Schep deze 'mousse' in een schone kom. Dek hem af met huishoudfolie en laat de mousse ten minste 3 uur in de koelkast opstijven.

Verwarm de oven – 30 minuten voor het opdienen – voor op 240 °C. Haal de mousse uit de koelkast en bewaar hem op kamertemperatuur.

Bedek een bakplaat met bakpapier. Smelt de boter in een pannetje.

Breek ondertussen de velletjes filodeeg in acht stukjes.

Smeer de stukjes filodeeg aan beide kanten in met de gesmolten boter. Leg ze op het bakpapier en bak ze in anderhalve minuut goudbruin.

Maak de tompoezen als volgt klaar: leg een stukje filodeeg op een bord. Schep er een eetlepel mousse op. Leg daar weer filodeeg op, enzovoort. Herhaal dit twee keer. Eindig met filodeeg.

Bestrooi de tompoezen met poedersuiker, praline en cacao en serveer ze meteen.

Je kunt de tompoezen ook maken met velletjes brickdeeg.

Voor 4 personen ■ Voorbereidingstijd 10 min ■ Baktijd 30 min

Zwarte kweeperen

4 kleine kweeperen
300 g basterdsuiker
50 g chocolade met minstens 70% cacaobestanddelen
4 zandkoekjes

Schil de kweeperen en doe ze in een pan met 500 ml water en de basterdsuiker. Breng het geheel aan de kook.

Laat het 30 minuten sudderen.

Neem 100 ml van het hete kookvocht en schenk dit over de in kleine stukjes gebroken chocolade. Roer net zolang tot de chocolade gesmolten is.

Verkruimel de vier zandkoekjes in vier kommetjes en leg de kweeperen op de kruimels.

Schep de chocoladesaus erover en dien meteen op.

De iets bittere smaak van de basterdsuiker gaat heel goed samen met de wrange smaak van de kweeperen.

Trifles
en tiramisu's

Trifle en tiramisu

Deze twee 'neven', die afkomstig zijn uit totaal verschillende landen, hebben één belangrijk ding gemeen: de opeenstapeling van laagjes koek en crème.

De Engelse trifle wordt meestal in afzonderlijke glaasjes klaargemaakt, wat de bereiding en het opdienen vergemakkelijkt. De Italiaanse tiramisu wordt daarentegen vaak in een grote schaal geserveerd.

En daar waar de tiramisu star vasthoudt aan hetzelfde ingrediëntenlijstje (taart of lange vingers, doordrenkt met marsala of amaretto + mascarpone en eidooiers met suiker + stijfgeslagen eiwitten + cacao), staat de trifle open voor experimenten die leiden tot verschillende variaties. Het basisprincipe is echter altijd hetzelfde: verkruimelde en met alcohol overgoten koek of cake, fruit, custard (vla) en slagroom.

Aan mijn 'getruffeerde tiramisu' voeg ik op het laatst een laagje gesmolten chocolade toe, wat voor een verrassend effect zorgt. In alle gevallen geldt: overdrijf niet met de alcohol, anders proef je de chocolade niet meer!

Voor 8 personen ■ Voorbereidingstijd 20 min ■ Rusttijd 40 min of 3 uur

Getruffeerde tiramisu

6 eieren
130 g suiker
1 el amaretto
500 g mascarpone
1 snufje zout
200 ml sterke koffie
3 el cognac of marsala
250 g lange vingers
150 g chocolade met minstens 70% cacaobestanddelen

Splits de eieren. Doe de eiwitten in een kom en zet die opzij. Klop de eidooiers samen met de suiker en de amaretto in een grote kom tot een bleek en schuimig mengsel. Voeg de mascarpone toe en klop alles nog eens 1 minuut.

Klop de eiwitten en het snufje zout met een mixer tot stijve pieken (voer de snelheid van de mixer geleidelijk op).

Spatel de stijfgeslagen eiwitten voorzichtig door de mascarponecrème.

Meng de koffie en de cognac. Doop de lange vingers hier even kort in. Bedek de bodem van acht glazen schaaltjes of één grote, diepe schaal (bijvoorbeeld een gratineervorm) met de helft van de lange vingers. Schenk er een beetje koffie over en verdeel de helft van de mascarponecrème over de schaal(tjes).

Breng een nieuwe laag geweekte lange vingers aan en eindig met een laag mascarponecrème. Dek de schaal(tjes) af met huishoudfolie.

Zet de tiramisu ten minste 3 uur in de koelkast of 40 minuten in de vriezer.

Haal de schaal(tjes) pas vlak voor het opdienen uit de koelkast of de vriezer en verwijder de huishoudfolie.

Breek de chocolade in stukjes en smelt ze op heel laag vuur of au bain-marie. Roer de chocolade met een spatel voorzichtig door tot een glad mengsel. Schenk de chocolade over de tiramisu – je hoeft niet per se de hele bovenkant met chocolade te bedekken.

Voor 6 personen ■ Voorbereidingstijd 20 min ■ Rusttijd 12 uur

Tiramisu van witte chocolade

100 g witte chocolade + geschaafde witte chocolade ter decoratie
250 g mascarpone
4 eieren, gesplitst
1 snufje zout
40 g suiker
2 kleine kopjes sterke koffie
2 el amberkleurige rum
150 g lange vingers (van goede kwaliteit)

Breek de witte chocolade in stukjes en smelt ze op heel laag vuur of au bain-marie. Roer de chocolade met een spatel voorzichtig door tot een glad mengsel. Voeg de mascarpone en de eidooiers toe en klop alles stevig door tot een gladde massa.

Doe de eiwitten samen met het snufje zout in een schone kom. Klop ze met een mixer tot stijve pieken – voeg gaandeweg de suiker geleidelijk toe.

Spatel de stijfgeslagen eiwitten voorzichtig door het mascarpone-chocolade-mengsel.

Meng de koffie en de rum.

Doop de lange vingers even kort in het koffiemengsel en leg de helft van de koekjes op de bodem van een vierkante bakvorm. Schep de helft van de mascarponecrème erover en leg hier weer een laag koekjes op. Eindig met de rest van de crème.

Dek de bakvorm af met huishoudfolie en zet hem ten minste een nacht in de koelkast.

Haal de tiramisu 30 minuten voor het opdienen uit de koelkast en bestrooi hem vlak voor het serveren met wat geschaafde witte chocolade.

Voor 4 personen ■ Voorbereidingstijd 5 min ■ Rusttijd 5 min

Trifle met frambozen en cacao

1 pak wafelrolletjes
200 ml chocoladesaus
300 g frambozen (eventueel uit de diepvries)
2 el kirsch
4 bolletjes chocolade-ijs

Verkruimel de rolletjes met je vingers en verdeel ze over vier glaasjes.

Verwarm de chocoladesaus en de frambozen (als ze bevroren zijn) op laag vuur in een pannetje. Meng alles in een kom, voeg de kirsch toe en roer alles nog eens goed door.

Schep vier mooie bolletjes ijs in de glaasjes en schenk de chocolade-frambozensaus erover.

Laat de trifle voor het opdienen 5 minuten staan.

Voor 4 personen ■ Voorbereidingstijd 50 min ■ Baktijd 10 min

Trifle met bananen en fudge

200 ml slagroom
200 g speculaas
3 heel rijpe bananen
6 el port
1 zakje vanillesuiker
60 g hele hazelnoten

Voor de fudge
150 g suiker
100 ml slagroom
50 g boter, in blokjes
60 g cacaopoeder
1 snufje zout

Doe 200 ml room in een grote kom en zet hem 30-45 minuten in de vriezer. Verkruimel de speculaasjes met je vingers. Pel de bananen en snijd ze in plakjes.

Zorg er bij het bereiden van de fudge voor dat alle ingrediënten alvast gewogen zijn en klaarstaan. Breng de suiker met een eetlepel water in een pan aan de kook. Laat hem verkleuren, zonder te roeren. Wanneer de suiker goudbruin kleurt, haal je de pan van het vuur. Voeg 100 ml room, de boter, de cacao en het snufje zout toe. Roer alles goed door en verwarm het mengsel dan nog enkele minuten op het vuur.

Verdeel de helft van deze fudge (of zachte toffee) in zes hoge glazen en breng daar een laagje speculaaskruimels op aan. Schenk in elk glas een halve eetlepel port en voeg de plakjes banaan toe. Schep hier weer een laag fudge op, gevolgd door een laagje koekkruimels en nog een halve eetlepel port.

Haal de room uit de vriezer en klop hem met een mixer lobbig. Voeg ondertussen de vanillesuiker geleidelijk toe. Verdeel de room over de glazen.

Rooster de hazelnoten onder de grill tot ze goudbruin zijn en maal ze dan fijn. Strooi ze vlak voor het opdienen over de room.

Een handige tip voor het fijnstampen van hazelnoten: doe ze in een pan en maal ze fijn door er met de bodem van een iets kleinere pan op te drukken en over te wrijven. In dit recept kun je de port vervangen door rum. Speculaasjes zijn met hun gekruide aroma de perfecte koekjes voor toetjes met chocolade.

VOOR 4 PERSONEN ■ VOORBEREIDINGSTIJD 10 MIN ■ BAKTIJD 10 MIN

Trifle met aardbeien, rozenwater en witte chocolade

300 g aardbeien
2 el rozenwater
180 g witte chocolade, in stukjes
2 el maïzena
4 grote lange vingers
slagroom

Was de aardbeien en verwijder de kroontjes. Zet 50 g opzij voor de garnering en snijd de rest in tweeën of in vieren.

Verwarm de aardbeien en het rozenwater in een pannetje op middelhoog vuur. Wanneer het mengsel bijna kookt, zet je het vuur lager en laat je het nog 1 minuut pruttelen. Haal de pan dan van het vuur.

Laat de 'aardbeienmoes' uitlekken en vang het sap op in een maatbeker. Vul het sap met water aan tot 250 ml en breng dit in een pan aan de kook.

Haal de pan van het vuur en voeg de chocolade toe. Roer net zolang tot de chocolade gesmolten is. Voeg de maïzena (verdund in drie eetlepels warm water) toe. Roer alles goed door en zet de pan weer op het vuur.

Laat het mengsel op laag vuur – en onder voortdurend roeren – indikken tot een smeuïge crème. Haal de pan van het vuur en laat de crème afkoelen.

Verdeel de verkruimelde lange vingers over vier glazen of schaaltjes. Schep de aardbeienmoes erop en schenk de chocoladecrème erover. Dek de glazen af met huishoudfolie en zet ze in de koelkast.

Laat de trifle ten minste 4 uur rusten. Garneer vlak voor het opdienen met slagroom en verse aardbeien.

Voor een wat zuurdere smaak kun je de aardbeien in 1 eetlepel balsamicoazijn koken.

Voor 4 personen ■ Voorbereidingstijd 10 min ■ Baktijd 5 min ■ Rusttijd 2 uur

Coupes Mont-Blanc

600 ml slagroom
2 el cacaopoeder
50 g bittere chocolade
1 el rum
125 g kastanjecrème met vanille
1 zakje vanillesuiker
een paar gevriesdroogde koffiebonen

Doe 400 ml room in een kom en zet hem in de koelkast.

Breng in een pannetje de overige 200 ml room aan de kook. Haal de pan van het vuur en voeg al kloppend de cacao toe.

Voeg de chocolade in stukjes toe. Laat de chocolade smelten en roer alles goed door. Voeg de rum en de kastanjecrème toe en roer goed.

Zet het geheel ten minste 2 uur in de koelkast.

Klop de gekoelde room samen met de vanillesuiker lobbig tot stijf en zet hem in de koelkast.

Schep de kastanje-chocoladecrème in een spuitzak of in een plastic boterhamzakje waar je een puntje vanaf hebt geknipt.

Spuit de crème in vier glazen en schep de slagroom erbovenop.

Garneer het geheel met de gevriesdroogde koffiebonen.

foto: @ Julie

Truffels

Mijn eerste truffels vormen een onvergetelijke ervaring! Het recept was bedacht door mijn vriendin Delphine en luidde als volgt: maak een mengsel van gelijke delen margarine en Nesquik, en kneed dit met de hand door elkaar. Even in de koelkast en daarna, hop, in de doos met Nesquik – die wij vervolgens met vier handen om het hardst heen en weer schudden om de truffels goed met cacaopoeder te bedekken. Toen we de doos openmaakten, was het leed niet te overzien!

Hoe kan ik, na het opbiechten van deze gênante ervaring, nog iets van mijn geloofwaardigheid in stand houden? Laten we het erop houden dat mijn maatstaven zich sindsdien enigszins ontwikkeld hebben (die van Delphine trouwens ook) en dat mijn truffels de smaaktest tegenwoordig goed doorstaan. Of ze nu gemaakt zijn met Nesquik of met Van Houten, truffels hebben twee voordelen: ze kunnen met de handen gegeten worden en ze kunnen het toetje vervangen. Je gasten zullen deze 'zoete afsluiting' van de maaltijd – met een kopje koffie – zeker waarderen.

Supertips voor supertruffels:

1) Truffels zijn eenvoudig te bereiden, maar gebruik wel ingrediënten van goede kwaliteit: goede boter en goede chocolade, waaraan niet te veel plantaardige vetten zijn toegevoegd (kijk altijd op de verpakking). Deze maken de chocolade namelijk zachter en verminderen de aromatische smaak ervan. Gebruik liefst biologische zuivelproducten.

2) Maak de ganache een dag van tevoren klaar en bereid de truffels 2-3 uur voor het opdienen.

3) Je kunt een deel van de room vervangen door alcohol. Voeg deze dan pas op het laatst toe.

4) Truffels blijven in een luchtdichte doos in de koelkast twee weken goed.

Voor 6 personen ■ Voorbereidingstijd 15 min ■ Rusttijd 2 uur

Kastanjetruffels

200 g chocolade met minstens 70% cacaobestanddelen
125 g boter
2 el whisky of cognac
100 g cacaopoeder + 1 el
300 g kastanjecrème met vanille

Breek de chocolade in stukjes en smelt ze in een grote pan op heel laag vuur of au bain-marie. Roer de chocolade zachtjes door tot een glad mengsel. Voeg dan de boter toe.

Haal de pan van het vuur en voeg de whisky en 100 g cacaopoeder toe. Roer alles goed door tot een gladde massa. Voeg de kastanjecrème toe en roer alles opnieuw goed door.

Doe het mengsel in een kom en dek de kom af met huishoudfolie. Laat het mengsel lichtjes opstijven in de koelkast (circa 2 uur) tot je het kunt bewerken.

Schep met een theelepeltje kleine porties van het mengsel en rol ze tot nootgrote bolletjes. Wentel de truffels door de cacao.

Zet ze weer in de koelkast en haal ze er 30 minuten voor het opdienen uit.

Voor circa 25 truffels ■ Voorbereidingstijd 20 min ■ Rusttijd 2 uur

Truffels met gepofte rijst

250 g melkchocolade met gepofte rijst
100 g boter
50 ml slagroom
1 ei
cacaopoeder

Breek de chocolade in stukjes en smelt ze in een grote pan op heel laag vuur of au bain-marie. Roer de chocolade zachtjes door tot een glad mengsel. Voeg dan de boter in blokjes toe en roer alles goed door tot een gladde massa. Haal de pan van het vuur en voeg dan al kloppend de room en het ei toe. Roer alles goed door en doe het mengsel in een kom. Dek de kom af met huishoudfolie en zet hem 2 uur in de koelkast.

Schep met een theelepeltje kleine porties van het mengsel en rol ze tussen je handen tot nootgrote bolletjes.

Wentel de truffels door de cacao en geniet!

Tip: verwarm de chocolade niet al te lang, anders wordt de rijst zacht.

Voor circa 30 truffels ■ Voorbereidingstijd 1 uur ■ Rusttijd 5 uur

Liefdestruffels

30 g gekonfijte sinaasappelschilletjes
100 ml slagroom
200 g witte chocolade
20 g gezouten boter
4 el Cointreau of Grand Marnier
200 g chocolade met minstens 50-60% cacaobestanddelen

Hak de gekonfijte sinaasappelschilletjes grof en zet ze opzij.

Breng de room in een grote pan op middelhoog vuur bijna aan de kook. Haal de pan van het vuur. Voeg de helft van de witte chocolade in stukjes toe. Roer alles met een spatel door tot de chocolade gesmolten is. Zet de pan indien nodig nog even op heel laag vuur om de chocolade volledig te laten smelten. Voeg de boter in blokjes, de sinaasappellikeur en de sinaasappelschilletjes toe en roer alles goed door. Schenk deze ganache van witte chocolade in een kom en dek hem af met huishoudfolie. Laat de ganache ten minste 2 uur in de koelkast opstijven.

Bekleed een bakplaat (die in de vriezer past) met bakpapier.

Schep kleine porties van de ganache en rol ze met twee theelepeltjes tot nootgrote bolletjes van circa 2,5 cm doorsnee. Leg ze op de bakplaat en laat ze in de vriezer ten minste 1 uur opstijven.

Rol de truffels daarna voorzichtig met je handen tot mooie gladde bolletjes. Leg ze op de bakplaat.

Smelt de rest van de witte chocolade op heel laag vuur of au bain-marie onder voortdurend roeren met een spatel tot je een glad mengsel hebt. Haal de pan van het vuur.

Pak elke truffel met twee vorken op (probeer niet in de truffel te prikken) en doop hem helemaal onder in de gesmolten chocolade. Klop voordat je de truffel weer op de bakplaat legt even met de vorken op de rand van de pan om het teveel aan chocolade eraf te laten glijden.

Zet de bakplaat met de truffels in de vriezer om het chocoladeomhulsel goed hard te laten worden: circa 2 uur.

Doe de bruine chocolade in een magnetronschaaltje en laat hem op gemiddeld vermogen gedurende 1 minuut smelten. Roer de chocolade met een spatel goed door tot hij glad en volledig gesmolten is.

Schenk de gesmolten chocolade in een plastic boterhamzakje. Sluit het zakje en knip onderaan een puntje af.

Druk heel voorzichtig op het zakje en 'teken' heel fijne lijntjes op elke truffel.

Bewaar de truffels in de koelkast.

Voor circa 15 truffels ■ Voorbereidingstijd 20 min ■ Baktijd 2 min ■ Rusttijd 3 uur

Truffels met groene thee

200 g melkchocolade
20 g boter
100 g crème fraîche
3 el groene thee in poedervorm (matcha)

Smelt de chocolade en de boter 2 minuten in de magnetron op maximaal vermogen (750 watt). Roer alles na 1 minuut even goed door. Voeg de crème fraîche toe en roer alles goed door tot een gladde massa.

Dek de crème af met huishoudfolie en laat hem 3 uur (liefst een nacht) in de koelkast opstijven.

Schep met een theelepeltje kleine porties van de crème en rol ze tussen je handen tot nootgrote bolletjes. Rol ze door het theepoeder tot ze er helemaal mee bedekt zijn.

Dien ze meteen op of bewaar ze in de koelkast.

Bijlagen

Inhoud

Receptenregister

A

B

C

D

E

Dankwoord

Hierbij wil ik iedereen bedanken die heeft bijgedragen aan de totstandkoming van dit boek: mijn vaste proever die door het testen van al mijn probeersels heel wat kilo's is aangekomen; Jacky en Émilie Cukier voor hun gastvrijheid; Claude Lebey en de club van chocoladeliefhebbers, die mijn passie voor chocolade hebben verrijkt met hun kennis; Martine Jolly voor haar schitterende boek *Chocolat une passion dévorante*; Pierre Marcolini voor zijn talent en zijn humor; Pierre Hermé, omdat hij een eeuwige bron van inspiratie is; Régis Pagniez, omdat hij even goed met een potlood als met een vork uit de voeten kan, en tot slot Marianne Moreno voor haar nauwkeurigheid.

Oorspronkelijke uitgever: Marabout, Parijs
Oorspronkelijke titel: *Le B.A.-ba du chocolat*

Nederlandstalige uitgave:

Postbus 614
6800 AP Arnhem
info@terralannoo.nl
www.terralannoo.nl

Uitgeverij Terra maakt deel uit van de Lannoo-groep, België

Styling van de recepten: Sandra Mahut
Foto's van de recepten: Charlotte Lascève
Foto's van 'Julie in de keuken': © Karym Bagoée

Productie: Persklaar, Groningen
Vertaling: Nicolet Breukelaar en Linda Beukers (voor Persklaar)
Eindredactie: Elke Doelman
Opmaak omslag en binnenwerk: Elixyz Desk Top Publishing, Groningen

Printed and bound in Vivapress

ISBN 978-90-5897-969-8
NUR 441